EVA HERZOG

Es war einmal … und es war nicht immer erfreulich

novum pro

Bibliografische Information
der Deutschen Nationalbibliothek:

Die Deutsche Nationalbibliothek
verzeichnet diese Publikation in
der Deutschen Nationalbibliografie.
Detaillierte bibliografische Daten
sind im Internet über
http://www.d-nb.de abrufbar.

Alle Rechte der Verbreitung,
auch durch Film, Funk und Fernsehen,
fotomechanische Wiedergabe,
Tonträger, elektronische Datenträger
und auszugsweisen Nachdruck,
sind vorbehalten.

© 2021 novum Verlag

ISBN 978-3-99107-563-9
Lektorat: Sylvana Kovacs-Pfefferkorn,
Mag. Eva Zahnt
Umschlagfotos: Eva Blanco,
Olga Kovalenko | Dreamstime.com
Umschlaggestaltung, Layout & Satz:
novum Verlag

Gedruckt in der Europäischen Union
auf umweltfreundlichem, chlor- und
säurefrei gebleichtem Papier.

www.novumverlag.com

Just in dem Moment, als Silvie mit ihrer zehnjährigen Tochter Elsa im Begriff war, das gut besuchte Kaufhaus in der Innenstadt zu verlassen, sah sie sie:
Selina, eine dunkelhäutige Brasilianerin und ehemalige Schulfreundin von ihr.

Damals, als Linz von den Amerikanern und den Russen belagert wurde, besuchten sie gemeinsam die Kreuzschwesternschule. Silvies Eltern hatten es sich in den Kopf gesetzt, nachdem die Tochter eines Kollegen ihres Vaters – ein strenger Polizeiinspektor – diese Schule besuchte, sie ebenfalls dorthin zu schicken.

Wegen ihrer Hautfarbe – ihre Mutter war eine feurige Brasilianerin, ihr Vater ein österreichischer Künstler – wurde Selina aus der Gemeinschaft von den anderen Mitschülern größtenteils ausgeschlossen.

Im jungen Alter von fünf Jahren verlor Selina ihre Eltern durch einen tragischen Unfall und wurde seither von ihrer Oma Hedwig (väterlicherseits) im österreichischen Linz liebevoll aufgezogen. Ihr Bruder Fernando blieb in Brasilien und erweiterte später die von den Eltern errichtete Orchideenaufzucht.

Oma Hedwig, eine lebenserfahrene, warmherzige Person, versuchte Selina das Leben so schön wie möglich zu machen. Sie und ihre Enkelin bewohnten damals unweit der Schule eine kleine, gemütlich eingerichtete, mit einem kleinen Erker versehene Wohnung zur Miete, im ersten Stock in einem renovierungsbedürftigen Haus in der Stockhofstraße.

Einmal in der Woche, wenn in der Schule ein langer Tag am Stundenplan anstand, bekochte Oma Hedwig die beiden Mädels mit einfachen, aber schmackhaft zubereiteten Gerichten, deren Rezepte sie allerdings strikt für sich behielt.

Wenn sie besonders gut aufgelegt war, erzählte sie Selina und Silvie amüsante Geschichten aus ihren eigenen Jugendtagen.

Dann hatte diese schöne, unbeschwerte Zeit eines Tages ein jähes Ende:

Aus für Silvie unverständlichen Gründen – sie war damals ein blondgelocktes, großgewachsenes zwölfjähriges Mädchen – musste sie die streng katholische Schule in Linz im Laufe des Jahres verlassen und in eine in Urfahr liegende überwechseln. Natürlich war das anfangs für Silvie nicht einfach, zumal alles fremd war für sie, und sie sich an die neuen Mitschüler und Lehrkräfte erst gewöhnen musste. Irgendwann erfuhr sie, dass sich ihr Vater von der katholischen Kirche losgesagt hatte, und Silvie nach dessen Bekanntwerden die Kreuzschwesternschule verlassen musste.

So kam es, dass sich Selina und Silvie in kürzester Zeit völlig aus den Augen verloren.

Gelegentlich schrieben sie einander noch lustige Postkarten, aber auch das hörte nach und nach auf.

Mittlerweile waren mehr als zwanzig Jahre vergangen, Silvie war längst verheiratet und Mutter zweier Töchter.

Ihr Mann, ein strebsamer Manager eines großen deutschen Konzerns – der in Österreich eine Niederlassung hatte –, musste oft geschäftlich ins Ausland reisen.

Und so war Silvie hauptsächlich mit Haushalt und Kindererziehung beschäftigt.

Jedem in der ab und zu turbulenten Zeit das notwendige Maß an Erziehung zu geben, sich in keine Auseinandersetzungen der beiden einzumischen und bei auftretenden Problemen verständnisvoll zu reagieren verlangte von ihr ab und zu ganz schön viel Toleranz.

Eines Tages lief Silvie Selina in besagtem großen Kaufhaus in Linz, in dem sie ein paar Nähutensilien für ihre Jüngste besorgte – deren Hobby es war, für ihre Barbie Puppe zu schneidern und die auch später in der Modebranche etwas tun mochte – nach vielen Jahren wieder über den Weg.

An der kaffeebraunen Haut und den dunklen Haaren erkannte Silvie Selina sofort wieder. In Österreich sah man damals ja ganz selten Frauen mit einer etwas dunkleren Hautfarbe, umso größer war jetzt Silvies Freude, Selina nach all den Jahren wieder zu sehen.

Überglücklich rannte sie mit ihren vollbepackten Einkaufstaschen in der Hand, samt ihrer Jüngsten im Schlepptau, auf sie zu. Zuerst brachte Silvie keinen Ton hervor. Dann rief sie begeistert: „Ich werd verrückt ... Bist du's wirklich?"

Selina hatte ihre Haare hochgesteckt, und die Lippen dezent geschminkt, sodass ihr bildhübsches Gesicht erst so richtig zur Geltung kam.

Sie trug eine schicke beige Hose und einen dazu passenden Umhang, worin sie aussah wie ein Modell aus einem Modekatalog.

Selina ihrerseits starrte Silvie mit ihren geheimnisvollen dunklen Rehaugen ungläubig an, als sei sie ein Wesen von einem anderen Stern.

„Was ist, kennen wir uns?", fragte sie und sah Silvie skeptisch an, als hätte sie nicht die geringste Ahnung, wer da vor ihr stand. Es war ihr anzusehen, dass sie sich im Moment ein wenig überrumpelt fühlte.

„Aber ja", versuchte Silvie Selina an sich zu erinnern, „wir sind doch seinerzeit zusammen in die Kreuzschwesternschule gegangen!"

Selina schien zu überlegen und sah Silvie noch immer unsicher an.

„Na, sag einmal, kennst du mich wirklich nicht mehr? Ich bin's, Silvie, deine ehemalige Schulfreundin. Wir beide sind doch damals in der Klasse in ein und derselben Schulbank gesessen oder haben gemeinsam den Unterricht geschwänzt, um irgendwo Unfug zu treiben. Also weißt du, jetzt bin ich schon ein wenig enttäuscht. Hab ich mich tatsächlich so verändert, dass du mich nicht mehr erkennst?"

Nachdem Selina Silvie immer noch argwöhnisch betrachtete, versuchte Silvie erneut, ihr auf die Sprünge zu helfen:

„Weißt du es nicht mehr? Zu deiner Oma Hedwig durfte ich auch manchmal mit. Wie geht es ihr eigentlich? Wenn ich mich recht erinnere, hatte sie immer ein paar in buntes Seidenpapier eingewickelte Zuckerl in ihrer geblümten rechten Kleiderschürzentasche parat."

Leise fügte Silvie hinzu: „Mittlerweile muss sie ja schon eine hochbetagte Dame sein. Lebt sie überhaupt noch?"

Kaum erwähnte Silvie Oma Hedwig, hatte sie den Eindruck, dass sich Selina lieber einem anderen Thema zuwenden würde. Plötzlich lächelte Selina. „Das gibt's doch gar nicht! ... Das ist mir jetzt aber richtig peinlich, aber ich hätte dich momentan wirklich nimmer erkannt, Silvie!", beteuerte Selina etwas verlegen.

„Ist doch überhaupt kein Problem. Wir sind schließlich alle älter geworden, ich, du, wir alle", meinte Silvie lachend.

„Aber ja", kam prompt die Antwort. „Jetzt erinnere ich mich genau. Haben wir dich seinerzeit nicht immer *die Lange* genannt, weil du so hoch aufgeschossen und spindeldürr gewesen bist?"

„Ich weiß, ich war viel größer als die anderen meines Alters. Ich war so dünn, dass sich jeder über mich lustig g'macht hat. Manche meinten sogar, dass ich mich locker hinter einem Telegraphenmast hätte verstecken können", erwiderte Silvie und seufzte.

„Aber wie du siehst, hat sich meine Statur mittlerweile geändert", meinte sie nach einer Weile und betrachtete verstohlen in einer gegenüber liegenden Spiegelwand ihre Figur.

„Ich hoffe nur, dass ich die Gene von meinem Vater und nicht die meiner Mutter geerbt habe. Die hatte nämlich ganz schlimme Gewichtsprobleme, als sie dann älter wurde. Auch meine Oma hatte zeitlebens mit ihren Kilos zu kämpfen."

Silvie erinnerte sich plötzlich daran, dass Selina nie zu der Mädchengruppe gehört hatte, die in der Klasse den Ton angab. Oft wurde sie in der Schule von den Mitschülern wegen ihrer Hautfarbe gehänselt und ihr das Leben schwer gemacht. Sie wurde zwar öfter zu einer Geburtstagsfeier eingeladen, aber mehr aus Mitleid, wie ihr heute bewusst war.

Plötzlich bekam Selina einen etwas traurigen Gesichtsausdruck.

„Ach ja, meine von mir heißgeliebte Oma ist schon vor etlichen Jahren an gebrochenem Herzen gestorben. Sie hat den frühen Tod ihres einzigen Kindes nie so richtig überwinden können."

Fast unhörbar, mehr zu sich, murmelte sie:

„So eine warmherzige Oma gibt es nur einmal."
„Und wie ist es dir selber in all den Jahren sonst so ergangen?", wollte Silvie ablenkend wissen. „Es ist schon so lange her, seit wir zueinander Kontakt hatten."
Selina zögerte einen Moment, atmete tief durch, räusperte sich und, ohne es vielleicht wirklich zu wollen, begann sie aus ihrem bisherigen Leben zu erzählen:
„Nach der Grundschule absolvierte ich eine Ausbildung zur Tierpflegerin. Anschließend arbeitete ich in einer großen Tierarztpraxis, wo ich meinen jetzigen Ehemann Herbert, meine erste große Liebe, kennengelernt habe." Mehr zu sich selbst seufzte sie, „und damit fing eigentlich die ganze Misere an.
Herbert, der jüngere Sohn einer angesehenen Arztfamilie in dem Ort, in dem wir leben, war der Mann meiner Träume. Groß, gutaussehend und äußerst charmant.
Nach einer prunkvollen Hochzeit wurde uns das oberste Stockwerk mit wunderschönen Wohnräumen, eigenem Bad, eigenem Ankleideraum und einiges mehr in der schönen mehrstöckigen Villa – in der ich mich aber komischerweise nie sonderlich wohlgefühlt habe – zur Verfügung gestellt.
Meine Schwiegereltern und andere Familienmitglieder bewohnen derzeit die unteren Räumlichkeiten dieser herrschaftlichen Villa. Ein traumhaft schön angelegter Garten, in dem ich mich ganz gern aufhalte, entschädigt mich aber für vieles.
Das Zusammenleben mit der Familie meines Mannes ist trotzdem nicht immer einfach", ergänzte sie und seufzte tief auf.
„Und ... und hast du Kinder?", wollte Silvie weiter wissen.
Nach dieser Frage hatte Silvie den Eindruck, dass sie sie besser nicht hätte stellen sollen, denn Selina bekam auf einmal feuchte Augen.
„Leider war es mir nach meiner Fehlgeburt nicht vergönnt, weitere Kinder zu bekommen. Mein Sohn wäre jetzt elf Jahre."
Nachdem sie dann Elsa eine Weile nachdenklich betrachtet hatte, meinte sie: „Wer weiß, vielleicht ist es eh besser so. Meine Schwägerin hat mit ihrer dreizehnjährigen Tochter zurzeit ständig Probleme. Mir ist es ab und zu direkt peinlich, ihre Streitereien mitanhören zu müssen."

Da Silvie aus eigener Erfahrung wusste, dass das Verhältnis „Mutter-Tochter" – besonders in diesem Alter – oft ganz schön schwierig sein kann, ging sie jetzt nicht näher drauf ein.

Es war kurz nach drei am Nachmittag, als Silvies Blick zufällig auf eine Orientierungstafel fiel: „Was hältst du davon, wenn wir im Untergeschoß einen Kaffee oder sonst was trinken?" Und an ihre Tochter gewandt meinte sie: „Wenn du willst, kannst du heimgehen, ich komme dann später nach!"

Nachdem das geklärt war und Elsa sich von Selina verabschiedet hatte, fuhren Selina und Silvie hintereinander mit einer Rolltreppe nach unten ins Erdgeschoß und betraten eine kleine Cafeteria. Silvie zog Selina mit sich in die hinterste Ecke des Lokals. Dort setzten sie sich an den letzten kleinen runden Tisch. Eine freundliche rothaarige Bedienung kam auf die beiden Frauen zu und fragte, was sie denn Gutes tun könne. Nachdem Silvie und Selina ihre Bestellung aufgegeben hatten, schaute Selina Silvie etwas verzweifelt an und blickte dann unsicher auf ihre gepflegten Hände.

Einen Moment lang herrschte Stille. Silvie hatte den Eindruck, dass Selina offenbar Schwierigkeiten hatte, die richtigen Worte zu finden. Sie war momentan nicht ganz sicher, ob sie jetzt nachfragen oder es Selina überlassen sollte, wieviel sie noch von sich preisgeben wollte.

Nach einer Weile des Schweigens seufzte Selina und fing an, stockend von ihren Erlebnissen weiter zu erzählen:

„So sehr ich mich bemühe, ich kann es einfach niemandem recht machen. Weil ich etwas andersfarbig bin, bin ich in deren Augen wahrscheinlich nicht würdig, und man lässt mich das bei jeder Gelegenheit spüren. Wie ein Schlag ins Gesicht war es für mich, als sie anfingen, mir meine Herkunft zum Vorwurf zu machen: *Du bist und bleibst die Tochter deiner Mutter.*

Alle agieren sie entweder offen oder hinter meinem Rücken gegen mich. Nach und nach ist es ihnen regelrecht gelungen, mir Minderwertigkeitskomplexe wegen meines Aussehens einzubläuen.

Mein Mann, der zwischen den Fronten steht, ist mir natürlich auch keine wirkliche Hilfe. Von Zeit zu Zeit wird es immer un-

erträglicher, meine depressive Stimmung zu überspielen." Nach einem tiefen Seufzer fuhr sie fort:
„Ich mach mir ja selbst den Vorwurf, dass ich seinerzeit diesen verdammten Job angenommen hab! Aber im Traum hätte ich nicht daran gedacht, dass das alles einmal solche Formen annehmen würde! Ich war schon oft nahe dran, alles hinzuschmeißen und einfach davonzulaufen, so belastend ist es zeitweise für mich."
Interessiert hörte Silvie Selina zu.
Ohne Vorwarnung musste sie sich in kürzester Zeit so eine unglaubliche Lebensgeschichte anhören. Kopfschüttelnd langte sie in ihrer Handtasche nach einem Papiertaschentuch und schnäuzte sich lautstark, bevor sie betroffen fragte:
„Kann ich ... kann ich irgendetwas für dich tun? Hast du denn niemanden, mit dem du über deine Probleme reden kannst?"
Es tat ihr aufrichtig leid, dass Selinas Leben so dramatisch verlaufen war.
Selina unterdrückte einen Seufzer und sagte stockend, nachdem sie einen Schluck Kaffee zu sich genommen hatte:
„Um die Frage zu beantworten: Nein, ich hab eigentlich außer Herbert keine Menschenseele. Keine Freunde, keine Kinder ... zu denen ich ab und zu gehen könnte ...
Mein Bruder lebt mit seiner Familie in Brasilien. Wir haben nur zu besonderen Anlässen wie Geburtstagen oder Weihnachten telefonischen Kontakt zueinander. Ansonsten nur per Brief."
Selina räusperte sich und begann umständlich aus ihrer Handtasche ein Taschentuch hervorzuholen, bevor sie mit ihrer Erzählung fortfuhr:
„Meinen Beruf musste ich natürlich nach der pompösen Hochzeit aufgegeben ... Als Mitglied einer angesehenen Arztfamilie geziemt es sich nicht, arbeiten zu gehen, meinten sie. Eines Tages schlug Herbert sogar aus heiterem Himmel eine Trennung vor. Nachdem ich innerlich darauf vorbereitet war, seinen Scheidungswünschen zuzustimmen, wollte er plötzlich über dieses Thema nichts mehr wissen.
Das geht nicht, meine Mutter würde mit einer Trennung niemals einverstanden sein! Eine Ehe ist was für die Ewigkeit und wird nicht

so einfach geschieden. Außerdem, was würden die Leute sagen, die zeigen mit den Fingern auf uns, ist ihre Meinung."

Es war seltsam ... Unwillkürlich musste Silvie an ihre eigene Schwiegermutter denken. Für sie war Silvie auch stets ein unbeliebter Eindringling, der versucht, ihr ihr einziges Kind wegzunehmen. Oft hatte sie Silvie vor Augen gehalten, was für ein Glück sie hätte, einen Mann aus einer intakten Familie zu bekommen. Zugegeben, Silvies Familie waren alles andere als perfekt. Ihre Eltern ließen sich nach jahrelangen Streitigkeiten endlich scheiden. Silvies Mutter bezog nach der Trennung am Rand der Stadt mit ihr eine Altbauwohnung.

Ihre fünf Jahre ältere Schwester Eva hatte damals relativ bald das zerrüttete Elternhaus verlassen und fand in der Schweiz eine zweite Heimat und heiratete dort einen netten Uhrmacher.

Vater Konrad zog mit seiner neuen, zehn Jahre jüngeren Lebensgefährtin in eine andere Stadt.

Silvie erinnerte sich plötzlich an die Zeit, in der sie und ihr Mann noch nicht verheiratet waren und in der von ihrer zukünftigen Schwiegermutter mit einer Selbstverständlichkeit am Wochenanfang bestimmt wurde, wie und wo das Wochenende verbracht wird. Silvie, damals noch sehr jung, fühlte sich stets überrumpelt, sah aber keine Möglichkeit, sich dagegen zu wehren, ohne unhöflich zu werden.

„Ich konnte nie sicher sein, ob mir bei Gelegenheit nicht Ähnliches wie dir jetzt widerfahren würde", meinte Silvie nachdenklich.

Selina schaute Silvie einen Augenblick kopfschüttelnd an, dann redete sie weiter:

„Zurzeit gebärdet sich ja Herbert mir gegenüber wie ein kleiner hilfloser Junge. Mit seiner dick aufgetragenen Verzweiflung über diesen *unglückseligen Zustand* hat er natürlich wieder mein Mitleid mobilisiert. Er will sich aber einfach nicht damit abfinden, dass es so nicht weitergehen kann. Obwohl sein derzeitiges Gehabe irgendwie aufrichtig wirkt, sind meine Gefühle äußerst gespalten.

Einerseits triumphiere ich innerlich, anderseits hab ich Bedenken, ob er stark genug ist, sich je vor seiner Familie zu behaupten. Du kannst dir ja gar nicht vorstellen, wie mich das alles belastet!"

Selinas große braune Augen wurden bei diesen Worten immer trauriger. „Eines ist aber sicher. Wenn sich nicht bald etwas ändert, lasse ich mich von einem guten Rechtsanwalt beraten. Danach sehen wir weiter."
Die Enttäuschung über ihr derzeitiges Leben stand Selina ins Gesicht geschrieben. Diese gepflegte junge Frau war eine durch und durch enttäuschte und einsame Person, das konnte Silvie deutlich spüren.
Sie war das Opfer von enormen Ungerechtigkeiten. Silvie tat es echt leid, dass Selina das alles durchstehen muss. Unter den gegebenen Umständen war sie sich sicher, ein gutes Werk zu tun, wenn sie sich ein wenig um Selina kümmern würde.
„Darf ich dir einen Vorschlag machen, Selina?", fragte Silvie nach einer Weile.
„Du solltest dich zunächst einmal mit einem guten Psychologen unterhalten. Der hört dir zu, dem kannst du deine verzwickte Lage – so wie sie ist – darlegen ... der ist zum Schweigen verpflichtet und, was ganz wichtig ist, der könnte dir bestimmt auch einige Tipps geben, wie du dich künftig deinem Mann und seiner Familie gegenüber verhalten sollst. Zur Not kannst du dann immer noch einen Anwalt zuziehen", schlug Silvie nachdenklich vor.
„Du willst dir das alles doch nicht ohne weiteres gefallen lassen? Schließlich hast du Rechte."
Selina setzte sich aufrecht in ihren Stuhl hin, trank einen Schluck aus ihrer Tasse, um Zeit zu gewinnen, und sagte dann mit entschlossener Stimme:
„Das werde ich tun, da kannst du sicher sein!"
Selinas Hauptproblem war das Geld. Ihr war klar, dass es schwierig sein würde, in ihrem Alter noch eine passende Stelle in einer anderen Tierpraxis zu bekommen.
„Und ... und wovon würdest du in Zukunft leben?", fragte Silvie, als könnte sie Selinas Gedanken lesen.
„Ich kann mir vorstellen, dass diese Herrschaften dir das Leben zur Hölle machen würden", versuchte Silvie Selina dahingehend aufmerksam zu machen.

Selina zuckte mit den Achseln. Am Ende ihrer Weisheit angelangt, seufzte sie und hatte Tränen in den Augen:

„Ich hab keine Ahnung, wie es weitergeht! Jedenfalls hab ich mir geschworen, dass ich so nicht weiterleben mag ... und auch nicht kann!"

„Gut, dass du es selbst so siehst", meinte Silvie spontan. „Du wirst dir doch nicht von diesen eiskalten Leuten reinreden lassen!" Nach einem Blick auf ihre Armbanduhr sagte sie: „Sei nicht böse, aber ich muss jetzt los, ich hab noch allerhand zu erledigen. War schön, dich mal wiederzusehen. Es würd mich aber freuen, wenn wir uns demnächst wieder auf einen Plausch treffen würden. Vergiss nur nicht, dich psychologisch beraten zu lassen", mahnte Silvie mit Nachdruck.

Selina dachte eine Weile nach, dann fragte sie:

„Meinst du wirklich, dass ich das tun soll?" Dabei schaute sie Silvie ratlos an.

Relativ forsch meinte Silvie:

„Na, recht begeistert scheinst du nicht zu sein! Aber es muss jetzt dringend etwas geschehen, Selina! Lass dein Mitgefühl nicht weiter von Leuten manipulieren, die im Grunde nur egoistische Ziele verfolgen. Mach endlich etwas, worüber du dich freuen kannst! Du musst dich aus dieser belastenden Situation befreien." Silvie atmete mehrmals tief durch und zwang sich, ruhig zu bleiben.

„Schau mal, ich will dir doch nur helfen, die Dinge klar zu sehen", gab Silvie zu bedenken.

„Wenn ich dich also richtig verstehe, sollte ich erst einmal mit so einem Seelenklempner reden?", wiederholte Selina. „Ist das wirklich ernst gemeint?", vergewisserte sie sich noch einmal.

„Dass du das fragst", erwiderte Silvie und schaute sie aufmunternd an, „sagt mir, dass ich Recht habe!"

„Na ja, wenn du das so siehst", seufzte Selina. Irgendwie fühlte sie sich nach diesem Gespräch erleichtert.

Um so ein Wunder wie dich, Silvie, hab ich Gott schon immer gebeten, sagte Selina zu sich. Laut sagte sie an Silvie gerichtet: „Ich bin ehrlich froh, dass du mir zur Seite stehst!"

Nachdem die beiden bezahlt und noch schnell ihre Telefonnummern ausgetauscht hatten, verabschiedeten sie sich mit einer herzlichen Umarmung voneinander. Dann machte sich Silvie endgültig auf den Heimweg.

Einige Wochen später erreichte Silvie Selinas erster Anruf. „Hast du morgen Zeit, ich hätt dir viel zu erzählen. Oder gibt es häusliche Schwierigkeiten?"
Silvie überlegte kurz.
„Aber nein, das Dumme ist nur, dass es morgen leider nicht geht", musste sie sie enttäuschen.
„Aber übermorgen ... da ginge es. Was hältst du von dem netten Lokal, in dem wir unlängst waren ... so gegen halb drei?"
Nachdem Selina keinen Einwand hatte, verabschiedete sich Silvie und legte auf. Sie war gespannt, was Selina zu berichten hatte.

Als Silvie zur vereinbarten Zeit das vollbesetzte Lokal betrat, wartete Selina bereits mit einer winkenden Handbewegung auf sie.

Da Selina etwas vor der vereinbarten Zeit dort war, konnte sie gerade noch den kleinen Tisch vom letzten Mal ergattern. Nachdem die beiden Frauen der Bedienung ihre Wünsche gesagt hatten, begann Selina aufgeregt mit ihrer Geschichte.

Auf Silvies Anraten hin hatte sie tatsächlich eine Psychologin aufgesucht, die ihr letztendlich einige gute Tipps mit auf den Weg gegeben hatte.

Sie verordnete Selina Schlaf und Beruhigungstabletten, unter deren Einfluss sie tatsächlich entspannter wurde. Sie konnte nachts wieder besser schlafen und hatte auch keine Angstzustände mehr. Die Ärztin riet Selina zusätzlich, sie solle Herbert klar machen, dass er sie mit ihrem Aussehen nicht mehr treffen kann. Schließlich hat er vor der Heirat gewusst, dass sie andersfarbig war.

Nach dem Besuch bei der Psychologin fühlte sich Selina um ein Vielfaches besser. Plötzlich war ihr auch klar geworden, dass sie Herbert eigentlich gar nicht brauchen würde und dass es ihr allein weit besser ging, als in dem angespannten Zusammenleben mit ihm und seiner Familie.

Nach kurzem Zögern sagte Selina zu Silvie: „Kannst du dir eigentlich vorstellen, wie schwierig das alles zurzeit für mich ist? Herbert spürt, dass er nicht mehr so viel Macht über mich hat und dass ich nicht mehr so leicht manipulierbar bin."
In der Folge wurde sie von ihm und seiner Familie immer öfter zutiefst beleidigt. Man stellte sie als egoistisch und undankbar hin.

In den Ferien waren Silvies Kinder von einer Bekannten aufs Land eingeladen worden. Vorerst sträubte sich ihre Ältere, als sie aber hörte, dass es dort einen gutaussehenden achtzehnjährigen Sohnemann gibt, wandelte sich ihr gelangweilter Gesichtsausdruck schlagartig und sie war von dem Vorschlag hellauf begeistert. Es hätte aus Silvies Sicht gar nicht besser laufen können. Ihrer Jüngeren war es nur wichtig, dass es dort viele Tiere gab, mit denen sie sich befassen konnte.

Silvies Ehemann hatte damals sehr oft geschäftlich im Ausland zu tun und die Kindererziehung lag wie so oft in ihren Händen.

Natürlich hatte sie bereits mehrere anonyme Hinweise bekommen, in denen man ihr „freundschaftlich" mitgeteilt hatte, dass er es mit der ehelichen Treue nicht so genau nehmen würde. Sie belächelte dies jedoch immer, weil sie wusste, dass ein erfolgreicher Mensch auch eine Menge Neider hat. Dass sie mit dieser Meinung gewaltig daneben lag, sollte sie erst später erkennen.

Als dann für Silvie wieder einmal so eine „Solowoche" anstand, weil ihr Mann angeblich an einer wichtigen Konferenz teilnehmen musste, wollte sie noch beiläufig wissen, bevor er die Wohnung verließ: „Wann kommst du wieder?" „Wie immer", antwortete er und gab ihr zum Abschied einen flüchtigen Kuss.

„Mach's gut, mein Liebling", und eilte von dannen.

„Mein Liebling!" Selina war etwas irritiert. *Das sagt er doch nur im Beisein seiner Eltern oder Bekannten. Komisch,* dachte sie bei sich. Sie schaute ihm eine Weile skeptisch hinterher. Dann lief sie ins Wohnzimmer, schaltete das Radio ein und ließ sich von der laufenden Musik berieseln. „Morgens um sieben …"

Wie auch immer, sie hatte wieder ein paar Tage sturmfreie Bude. Tage, an denen sie nicht kochen, putzen, waschen und bügeln oder sonst was machen musste. Herrlich! Silvie überlegte nicht lange und teilte das Selina kurz entschlossen am späten Nachmittag telefonisch mit. Nach mehrmaligem Klingeln war sie am Apparat und schien sich riesig darüber zu freuen, Silvies Stimme zu hören. Vorsichtig fragte Silvie an, ob ihr Anruf nicht ungelegen kommen würde. „Überhaupt nicht", meinte Selina. „Ich bin gerade wieder einmal dabei, einen längst fälligen Brief an meine Verwandtschaft in Brasilien zu schreiben."

Nach einer kurzen Denkpause entschloss sich Silvie Selina zu fragen, ob sie nicht Lust hätte, mit ihr im schönen Salzkammergut ein paar Tage zu verbringen.

„Ich mach mir nämlich Sorgen um dich."

„Weißt du, Selina", sagte Silvie dann mit betont sanfter Stimme. „Du bräuchtest meiner Meinung nach dringend einen Tapetenwechsel. Und ich ... wenn ich ganz ehrlich bin ... ich auch", erklärte ihr Silvie.

„Das ist eine ganz tolle Idee, ich komme natürlich gerne mit. Ich freu mich ... ich freu mich riesig." Selina war von Silvies Vorschlag derart begeistert, dass sie sich sogar bereit erklärte, ihrer Schwiegermutter demnächst bei der Gartenarbeit zu helfen.

Nachdem Selinas Mann tags darauf sowieso auch an einem Kongress in Bad Gastein teilnehmen musste, stand dem Kurzurlaub mit Silvie nichts im Weg.

Außerdem war sie heilfroh, diesem unerträglichen Familienclan ein paar Tage entfliehen zu können.

Silvie selbst war das erste Mal seit ihrer langjährigen Ehe allein in den Urlaub gefahren und hätte gelogen wenn sie gesagt hätte, dass sie es nicht genießen würde, einmal frei und ohne familiäre Verpflichtungen zu sein.

An einem leicht bewölkten Montag bepackte sie ihren kleinen Lady Mini Flitzer und fuhr Richtung Traun, wohin ihr Selina zuvor den Anfahrtsweg beschrieben hatte. Sie erwartete Silvie mit ihrem Gepäck beim Hauseingang schon aufgeregt winkend.

Nach einer fast zweistündigen Fahrt mieteten sie sich bei herrlicher Wetterlage am Ende des Traunsees in einer einfachen kleinen Pension ein. Das Doppelzimmer besaß zwei schöne große Fenster. Dazwischen stand ein großes verschnörkeltes Holzdoppelbett, das von einer liebevoll bestickten Bettdecke umhüllt wurde. Von einem rustikalen, mit bunten Blumen geschmückten Balkon aus konnten sie einen traumhaften Panoramablick genießen.

„Ich kann's immer noch nicht fassen, dass wir da sind! Sag mir, dass es kein Traum ist!", forderte Selina Silvie aufgeregt auf.

Die warf ihr einen schelmischen Blick zu.

„Ganz und gar nicht, Selina. Mir scheint, du grübelst zu viel. Genieß doch einfach den Moment. Vergiss gestern und morgen. Wir sind im Hier und Jetzt! Genau genommen ist es ja auch dir zu verdanken, dass I c h mal aus dem täglichen Trott rausgekommen bin. Seit Jahren lebe ich nicht mehr nach meinem eigenen Willen. Stets muss ich tun, was andere von mir erwarteten."

Meine Güte, dachte Silvie wehmütig, *ist das wirklich schon so viele Jahre her, seit ich einmal mit meiner Mutter in Traunkirchen meine Ferien verbringen durfte? Wie die Zeit vergeht ...* Die Erinnerung daran war beinahe ausgelöscht.

„Wir machen's uns hier so gemütlich, wie es nur geht", sagte Silvie spontan. Sie fühlte sich so unbeschwert wie seit ewigen Zeiten nicht mehr.

Bereits am ersten Tag nach ihrer Ankunft bemerkte Silvie in dem kleinen Gastzimmer, in dem sie ihr liebevoll zubereitetes Abendessen serviert bekamen, einen schräg gegenüber sitzenden, etwa fünfzigjährigen, gutaussehenden Mann mit einem kleinen gepflegten Oberlippenbart, der unentwegt zu ihnen herüberstarrte. Silvie fand das ziemlich unverschämt und starrte zurück. Schnell wurde Silvie aber klar, dass nicht sie das Objekt seiner Begierde war, sondern Selina. Nachdem sie diesen vermeintlichen „Fleischbeschauer" eine Weile beobachtet hatte, wurde es ihr zu bunt.

Jetzt reicht's aber, dachte sie sich und überlegte, wie sie diesem Scherzkeks klar machen konnte, dass er das gefälligst unterlassen sollte. Unter dem Vorwand, auf's WC zu müssen, stand sie abrupt auf.

Als hätte der Gute ihre Gedanken lesen können, erhob er sich ebenfalls und kam auf die beiden zu.

„Entschuldigen Sie mein aufdringliches Verhalten – gestatten Sie, dass ich mich erst einmal vorstelle: Wolfgang Pollak. Ich wollte fragen, ob ich", dabei sah er Selina freundlich lächelnd an, „ob ich Sie bitte kurz sprechen dürfte."
Zunächst wusste Selina gar nicht, wie ihr geschah.
„Mich?", fragte sie nach einer Weile und wandte sich vorsichtshalber noch einmal um, um sich zu vergewissern, dass wirklich sie gemeint war.
„Ja, Sie", sagte der vorerst Unbekannte und sah sie dabei aufmunternd an.
„Warum sollte ich das bitteschön tun? ... Und worum geht es hier eigentlich?", wollte Selina etwas ratlos wissen. Silvie bemerkte das und wusste im Moment auch nichts Passenderes zu erwidern.

Herr Pollak erwähnte dann, dass er sie äußerst fotogen findet und unbedingt in seinem Atelier ein paar Aufnahmen von ihr machen möchte.

Selina sah erst Silvie, dann Herrn Pollak an. Dann starrte sie zu Boden, als stünde dort eine Antwort. Obwohl das alles aufrichtig klang, bat sie um eine Bedenkzeit.

„Wie auch immer Sie sich entscheiden, ich reise am Donnerstag ab, bitte geben Sie mir bis dahin Bescheid! ... Alles klar?" Er gab ihnen eine Visitenkarte und ging wieder langsam zu seinem Platz zurück.

Später ließ Selina die Ereignisse des Tages gedanklich noch einmal Revue passieren. Die halbe Nacht diskutierte sie mit Silvie.

Silvie fragte sich, ob es möglicherweise ein Zeichen war, dass sich Selinas unglückliche Lage verändern würde. Sie kramte die Karte aus ihrer Handtasche hervor, die ihnen Herr Pollak im Speiseraum gegeben hatte. Darauf war „Modefotograf" zu lesen.
Wäre es wirklich sinnvoll, wenn Selina zusagen würde?, sinnierte Silvie. *Ach was*, dachte sie. *Wer nix wagt, hat schon verloren.* Außerdem verriet ihr ihr Bauchgefühl, das sie selten betrogen hat, dass

es vielleicht für Selina eine einmalige Chance wäre, und diese ihr Selbstbewusstsein enorm stärken würde.
Letztendlich entschloss sich Selina auf Silvies Zureden hin, das interessante Angebot anzunehmen.

Am nächsten Vormittag machten sie sich also auf den Weg zu Herrn Pollak, um ihm mitzuteilen, dass sie sich das Wo und Wie unverbindlich einmal anschauen möchten.

„Wie kann man Sie erreichen?", fragte Silvie. Herr Pollak schaute sie mit verwundertem Blick an und meinte grinsend:

„Sie finden alles Nötige auf der Karte, die ich Ihnen gestern gegeben hab."

„Wie? Ah ja." Einen Moment stand Silvie da, als hätte man ihr einen Eimer Wasser über den Kopf gegossen. Es war ihr sichtlich peinlich, dass sie vor lauter Aufregung dummerweise nicht darauf geachtet hatte.

„Sag mal, findest du mich wirklich fotogen, so ungewöhnlich schau ich doch gar nicht aus?", fragte Selina Silvie später, nachdem sie eine Weile ihren Gedanken nachhingen.

„Na klar", nickte Silvie. „Zweifelst du etwa daran?" Sie behielt aber für sich, dass die meisten Models wahrscheinlich irgendwo nebenbei arbeiteten und sehnsüchtig darauf warteten, eines Tages ein Angebot von einem Filmemacher zu bekommen.

Einen Tag vor ihrer Abreise nach Linz machten sie sich also auf den Weg nach Salzburg, um sich dort Herrn Pollaks Studio einmal anzuschauen. Sie hatten keinerlei Vorstellung, was sie dort erwarten würde und so war beiden etwas mulmig zumute.

Auch Silvie hatte auf einmal ihre Zweifel. Aber Selina hatte einen Termin bei einem Mann, der ihr vielleicht zu einer erfolgsversprechenden Zukunft verhelfen könnte. Und da musste sie jetzt durch. Es war für Selina eventuell der Tag, der ihr Leben komplett umkrempeln würde. Allerdings wusste sie noch nicht, dass das auch wahr werden würde.

Als Selina und Silvie die schwere Eisentür des Studios öffneten, staunten sie nicht schlecht. Es sah alles viel eindrucksvoller aus als sie es erwartet hatten. Sie betraten einen Raum, an dessen Wänden riesige Bilder mit wunderschönen Frauen hingen.

Während sie sich umsahen und die beeindruckenden Gesichter betrachteten, kamen sie aus dem Staunen nicht heraus.

„Oh ja, das wär auch was für mich. Mit schönen Kleidern fotografiert werden."

„Ich weiß", sagte Silvie schmunzelnd. Insgeheim war sie fest davon überzeugt, dass dieser Traum für Selina mit ein wenig Glück bald wahr werden könnte.

Kurz danach kam Herr Pollak herbeigeeilt und begrüßte die beiden.

„Sie sind äußerst pünktlich", sagte er nach einem Blick auf seine Armbanduhr. Dann meinte er, die beiden sollten es sich bei einer Tasse Kaffee erst einmal auf dem grünen Ledersofa in der Ecke bequem machen. Er würde gleich zu ihnen kommen. Er lief auf einen jüngeren Mann zu und redete kurz auf ihn ein.

Als sich Herr Pollak etwas später zu Selina und Silvie setzte, meinte er lächelnd:

„Um gleich etwaige Missverständnisse aus dem Weg zu räumen, ich will von Ihrer Bekannten", dabei sah er Selina aufmunternd an, „nichts anderes, als ein paar Aufnahmen machen. Ich finde, dass sie ein sehr interessantes fotogenes Gesicht mit wunderschönen, ausdrucksvollen braunen Augen hat!"

„Wirklich ...? Sie wollen mich ohne jeglichen Hintergedanken nur fotografieren?", erkundigte sich Selina erstaunt. Mit ihren großen braunen Augen warf sie Silvie einen zweifelnden Blick zu.

„Gut, wenn das wirklich so ist, bin ich damit einverstanden. Vorausgesetzt, meine Freundin kann dabei sein, während Sie die Fotos von mir machen." Sie drehte sich zu Silvie und sah sie fragend an: „Du kommst doch sicher mit?"

„Keine Sorge, ich begleite dich auf jeden Fall", gab Silvie zurück.

Ein paar Minuten später bereute Selina aber ihre spontane Zusage schon wieder. Nur zu gut ahnte sie, dass es nicht einfach werden würde, ihrer Familie dieses Vorhaben beizubringen.

Silvie war fassungslos und murmelte: „Du musst endlich tun, was für dich gut ist!"

Herr Pollak blickte Selina erstaunt an und sagte nach kurzer Überlegung:

„Meinetwegen, Ihre Freundin kann auch dabei sein."

Die Heimfahrt verlief ziemlich schweigsam. Jeder hing seinen eigenen Gedanken nach.

Wohlbehalten zuhaus angekommen, wusste Selina vorerst nicht, wie sie Herbert ihren Entschluss am vernünftigsten beibringen konnte.

Als er dann am Abend heimkam, musste sie sich erst einmal sammeln. Nach einigen Anläufen erzählte sie ihm dann schließlich, dass ein bekannter Modefotograf Aufnahmen von ihr machen möchte und dass sie das ganz toll fände.

Herbert reagierte so, wie Selina es vorausahnte. Er begann zu toben:

„Was soll das nun wieder? Ich will nicht, dass sich meine Frau derart zur Schau stellt. Ich verbiete dir, da hin zu gehen! Du würdest sicher nur eine Enttäuschung erleben!"

Und wenn schon, es wäre nicht die erste in meinem Leben, dachte Selina bei sich. Dann schossen ihr die Tränen in die Augen.

Ein paar Sekunden danach war sie selbst erstaunt, dass sie den Mut aufbrachte zu sagen:

„Moment mal, ich bin nicht dein Eigentum. Selbstverständlich werde ich hinfahren. Ich habe zugesagt, also werde ich es auch tun. Ich ... ich bin schließlich ein Mensch, auf den man sich verlassen kann, nicht einer, der etwas verspricht und sich dann wieder drückt."

Daraufhin sah Herbert sie mit zusammengekniffenen Augen eine Weile an, dann meinte er:

„Na ja, wem nicht zu raten ist, dem ist nicht zu helfen!"

„Aha", meinte Selina erstaunt, „ich wundere mich, dass dich das überhaupt interessiert."

Herbert sah Selina misstrauisch an.

„Was soll denn das nun wieder heißen? Natürlich bin ich besorgt um dich. Schließlich bist du meine Frau."

Beinahe hätte Selina darauf gesagt:

„Es freut mich, dass du dich daran erinnerst, das scheint dir in letzter Zeit des Öfteren entfallen zu sein." Aber sie schluckte die Bemerkung, weil sie Herberts Laune nicht noch mehr verschlechtern wollte.

„Übrigens: Eine alte Schulfreundin begleitet mich nach Salzburg", erwähnte sie noch nebenbei.

„Ah ja, die, mit der du neuerdings ständig in Verbindung bist? Sag ihr einen schönen Gruß von mir, sie soll sich gefälligst um ihren eigenen Kram kümmern, und sich nicht in Angelegenheiten mischen, die sie absolut nichts angehen!"

Einen Moment lang hatte Selina den Eindruck, als wolle Herbert noch etwas sagen.

Plötzlich fuhr er mit schadenfrohem Grinsen fort: „Frag sie doch mal, ob ihr der Name Roswitha Schneider etwas sagt!"

Einige Tage später bat Selina Silvie um ein Gespräch unter vier Augen. Für einen der folgenden Tage verabredeten sie sich in ihrem mittlerweile gewohnten Stammcafé. Selina sah äußerst zerstreut aus. Sie hatte tiefe Schatten unter den Augen und ihr sonst immer so perfekt frisiertes Haar hing ihr strähnig runter. Aufgewühlt erzählte sie Silvie von der Auseinandersetzung mit Herbert und wie schrecklich sie sich zurzeit fühlte.

„Herbert hat meine Ankündigung zunächst gar nicht ernst genommen. Er wollte es einfach nicht wahrhaben, dass seine Frau die Annehmlichkeiten, die sie als Arztgattin genießt, aufgeben würde, geschweige denn ohne sein Zutun einen Job bekommt. Als er schließlich kapierte, dass es mir durchaus ernst ist, hat er mit Trotz reagiert und mit kaltem Blick geschrien:

Hau ab ... geh zurück in die Gosse, aus der du hervorgekrochen bist, du ... du ... du blöde Kuh!

Ich bin keinesfalls eine blöde Kuh, habe ich ihm daraufhin wütend erklärt. *Jahrelang habe ich in der Öffentlichkeit die Fassade gewahrt und ein harmonisches Familienleben vorgegaukelt. Damit ist jetzt endgültig Schluss! Ich will ... ich will die Scheidung!*

Zunächst erhielt ich keine Antwort. Herbert fühlte sich sichtlich unbehaglich und brummte, ohne mich dabei anzusehen, nach einer Weile:

So so ... na ja, ganz wie die gnädige Frau wünscht. Es ist deine Entscheidung, die du aber noch bitter bereuen wirst!" Sie fuhr fort mit ihrem Bericht:

„Ich hatte unvermittelt meine vor Erregung funkelnden Augen auf ihn gerichtet. *Das alles macht mich sehr, sehr traurig.* Mir stiegen wiederum die Tränen in die Augen, obwohl ich mich bemühte, Fassung zu bewahren. Herbert bemerkte das und meinte verlegen: *Ist ja gut, du hast ja Recht,* murmelte er vor sich hin. *Mir tut das alles ja auch irgendwie leid. Aber du musst dich nun mal entscheiden: Ich und meine Familie oder die anderen!*

Als er aber sah, dass meine Entscheidung fest steht, hat er seinen gesamten Clan gegen mich mobilisiert, die mich zur Einsicht zu überreden versuchten:

In jeder Ehe gäbe es mal Probleme. So was lässt sich doch wieder einrenken ... Als sie aber erkannt haben, dass es mir wirklich ernst ist, haben sie angefangen, mich zu beschimpfen:

Ich hab sie reden lassen, hab mir ohne weiteren Kommentar ihre Kränkungen angehört, aber Mühe gehabt, ruhig zu bleiben."

Selina räusperte sich und meinte erbost:

„Es ist doch eine Frechheit, was die sich einbilden! Übrigens, bevor ich's vergesse, ich soll dich fragen, ob dir der Name Roswitha Schneider etwas sagt? Als Herbert das erwähnte, hatte er nämlich so ein hämisches Grinsen im Gesicht."

„Klar kenne ich sie", sagte Silvie und blickte Selina erstaunt an. *Soviel ich weiß, ist Frau Schneider eine Geschäftspartnerin meines Mannes. Erst vorgestern ist sie mit ihrem Mann in Linz gewesen. Am Abend waren beide zum Essen bei uns. Soviel mir noch bekannt ist, haben die beiden aber ihren ständigen Wohnsitz in Wien. Kinder sind, soweit ich weiß, keine da.*

Frau Schneider hat sehr oft geschäftlich in Linz zu tun. Wie ich zugeben muss, ist sie eine äußerst attraktive Person. Aber ... aber was hat mein Mann mit der zu schaffen? Das täte mich jetzt schon interessieren, dachte Silvie bei sich ... *und wenn da tatsächlich etwas mit meinem Mann laufen würde, also bitte ... das würde mich sehr wundern! Das hätte ich sicher irgendwann bemerkt!* Manchmal kam er ihr zwar schon seltsam vor. Silvie sagte aber nie etwas, und machte sich nur so ihre Gedanken.

Für Silvie stand außer Zweifel, dass sie Selinas Mann ein dicker Dorn im Auge war und er verzweifelt nichts ausließ, um einen Keil zwischen Selina und Silvie zu treiben.

„Ob du's glaubst oder nicht, ich habe nicht die leiseste Ahnung, Silvie", sagte Selina. Es war aber nicht zu übersehen, dass es für sie zurzeit Wichtigeres gab.

Als Selina bemerkte, dass Silvie grübelte, meinte sie: „Nun mal mal nicht gleich den Teufel an die Wand. Sicherlich heckt Herbert mit seiner Rederei nur eine seiner üblichen Sticheleien aus.

Aber wenn das so sein sollte, hat er diesmal den Bogen etwas zu weit überspannt!"

„Trotzdem, irgendetwas stimmt da nicht. Aber was, kann ich mir nicht genau vorstellen", sinnierte Silvie. Eine Menge Fragen schwirrten plötzlich in ihrem Kopf herum. Fragen über Fragen taten sich auf. Ihr fiel es einfach schwer zu glauben, dass an der Sache irgendetwas dran sein könnte. Sich zu beunruhigen hätte ihr aber momentan nichts genützt, geschweige denn, dass es zu einer Lösung beigetragen hätte. Silvie beschloss daher, die Angelegenheit im Moment nicht weiter zu verfolgen.

Um sich aber Klarheit zu verschaffen, nahm sie sich am Nachhauseweg fest vor, ihren Mann bei passender Gelegenheit direkt darauf anzusprechen.

Doch noch schob sie den Gedanken beiseite. Sie wollte sich zunächst Selinas Problemen zuwenden. Schließlich hatte sie ihr ihre Hilfe angeboten und das wollte sie unbedingt durchziehen. Sie war der Meinung, man sollte das, was man verspricht, auch halten.

Drei Tage später, nachdem Selina mit ihrem Mann wegen ihres Vorhabens geredet hatte, machten sich die beiden erneut mit Silvies dunkelblauem Mini Cooper zeitig am Morgen auf den Weg nach Salzburg.

In der Nacht zuvor fanden weder Selina noch Silvie einen erholsamen Schlaf. Während der Fahrt versuchte Silvie, so gut es ging, Selina Mut zuzusprechen:

„Kopf hoch, Selina. Es wird bestimmt gut gehen. Du musst nur positiv denken."

„Na ja, das werde ich wohl müssen", sagte Selina mit belegter Stimme.

„Nun denk doch nicht so negativ."

Schweigend setzten sie die Fahrt fort. Es war kurz nach neun, als sie in der Agentur ankamen und von einer wasserstoffblondierten Empfangsdame gefragt wurden, ob sie angemeldet wären.

„Ja, sicher, Herr Pollak hat uns für heute halb zehn Uhr herbestellt", ließ Silvie die blondgelockte Lady wissen.

„Ach so, Moment ... das haben wir gleich!" Sie griff zum Telefon und drückte eine Taste. Als sich nach etlichem Klingeln endlich eine männliche Stimme meldete, informierte sie den etwas gelangweilten Teilnehmer, dass da vor ihr zwei Frauen stünden, die behaupteten, einen Termin mit Herrn Pollak zu haben. Nach einer Weile der Stille atmete die aufgetakelte Empfangsdame tief durch und sagte seufzend zu der Person am anderen Ende der Leitung:

„Meinetwegen... wenn's der Boss so will ..." Den beiden wartenden Frauen bedeutete sie in einem von sich eingenommenen Ton, aus dem Silvie so etwas wie Missachtung herauszuhören glaubte:

„Also gut! Dann kommen Sie einmal mit." Mit einer kurzen Kopfbewegung deutete sie an, ihr zu folgen. Sie führte Selina und Silvie nach nebenan in einen Raum, in dem ein paar aufgedonnerte Frauen mit endlos langen Beinen herumstolzierten. Selina flüsterte Silvie beunruhigt zu, dass sie am liebsten wieder abreisen würde.

„Das alles hier ist bestimmt eine Nummer zu groß für mich."

Silvie lächelte ihr aufmunternd zu:

„Unsinn, du kriegst das schon hin. Bleib einfach ganz du selbst. Du wirst sehen, eines Tages gehörst auch du dazu! Zeig deinem Mann samt seinem feindseligen Clan, dass du auch alleine, ohne ihr Zutun, gut zurecht kommst."

„Du hast gut reden, Silvie", seufzte Selina.

Da ihr Derartiges fremd war, fühlte sie sich entsetzlich elend. Kurze Zeit später eilte ein Mädchen um die dreißig auf die beiden zu und platzierte Selina auf einem Drehstuhl. Für die nächste halbe Stunde bat man Silvie, auf einer im Hintergrund des Raumes stehenden kleinen Lederbank Platz zu nehmen. Von dort aus konnte Silvie das um sie wuselnde Geschehen gut beobachten. Da auch sie so etwas noch nie erlebt hatte, war Silvie jetzt auf das Resultat echt gespannt. Kurz darauf, während Silvie geduldig auf Selina wartete, begann die Visagistin das Gesicht von Selina mit Wattepads, Cremes und Puder zu bearbeiten. Silvie beobachtete die junge Make-up-Artistin mit Argusaugen bei all ihrem Tun. Als diese noch rasch dort und da in Selinas Gesicht herum getupft und gepinselt hatte, ging sie einen Schritt zurück, um ihr Werk zu begutachten und sagte nach einem prüfenden Blick:

„So, das wär's! Das Werk ist vollbracht."

Anschließend begleitete sie die beiden hinüber ins Studio, wo Herr Pollak schon wartete. Er bat Selina sich auf einen bereitgestellten Hocker zu setzen. „Okay, Selina. Jetzt geradeaus schauen … am besten zur Tür … und den Kopf hoch." Nachdem die ganze Prozedur vorbei war, sah Selina nach ein paar Minuten zum ersten Mal das Ergebnis und war platt.

Ein umwerfend schönes Gesicht sah ihr entgegen.

Bevor irgendjemand etwas sagen konnte, rief sie verblüfft: „Großartig. Das … das soll wirklich ich sein?"

„Sicher doch", antwortete Herr Pollak grinsend. „Ich sagte ja bereits, dass Sie ein faszinierendes Gesicht haben!"

Na und erst Silvie, die war natürlich hellauf begeistert. Erleichtert, dass alles vorbei war, schlenderten die beiden wieder hinaus ans Tageslicht. Sie gönnten sich noch, bevor sie die Heimfahrt antraten, einen Spaziergang durch den Mirabell Park, in dem um diese Tageszeit noch reges Treiben herrschte.

Die Zeit verging wie im Flug.

Als dann der Tag allmählich dem Ende zuging, traten sie letztendlich wieder die Heimfahrt an. Nach ein paar Minuten des Schweigens, in denen jeder von ihnen seinen Gedanken nachhing, meinte Selina plötzlich:

„Warum tue ich mir das alles eigentlich an? Mir wird ganz schlecht, wenn ich daran denke, was mich daheim wieder erwarten wird ... gar nicht auszudenken!"

„Nun, ich an deiner Stelle würde zuerst einmal allein mit Herbert reden, bevor ich den Rest der Familie über meine Zukunftspläne informiere", meinte Silvie und konzentrierte sich auf den zunehmenden Verkehr. Selina seufzte und murmelte: „Was meinst du, was ich mir jetzt wieder für eine Standpauke anhören muss!"

Nachdenklich meinte Silvie, fast nicht hörbar: „Das wird sich erst ändern, wenn du dich von diesem Muttersöhnchen loslöst!"

Der Anstoß, das Angebot von Herrn Pollak anzunehmen, kam letztendlich von Silvie. Die führte Selina vor Augen, dass sie zurzeit ein Leben lebte, das sie nicht verdient hatte und bestimmt auch nicht führen wollte. Interessiert lauschte Selina Silvies Worten und seufzte tief: „Ach, Silvie, was tät ich ohne dich? Ich bin so froh, dass ich dich wieder getroffen hab!"

Nachdem Selina begriffen hatte, dass sie Herbert verlassen musste, um Ruhe in ihr Leben zu bekommen, fühlte sie sich befreit, wie schon eine Ewigkeit nicht mehr. Noch vor ein paar Wochen hätte sie sich wegen seiner Lieblosigkeit hingesetzt, still vor sich hin geweint und keinerlei Widerspruch gewagt. Jetzt wollte sie nur noch eines: „Frei sein und leben!"

„Leben? Und wovon bitteschön, wenn ich das erfahren dürfte?", wollte Herbert wissen, als ihm Selina am Abend ihre Pläne mitteilte.

„Na ja, eine Zeitlang werde ich schon mit dem auf die Seite Gelegten durchkommen. Und dann muss ich halt weitersehen."

„Ah, daher weht der Wind. Wenn ich dich also richtig verstehe, erwartest du von mir Geld." Herbert starrte Selina feindselig an.

Nachdenklich sagte sie: „Ja, es fällt mir zwar schwer, es zuzugeben, aber ich will nicht mehr und nicht weniger als mir zusteht. Ich denke, wir sollten versuchen, die längst notwendige Trennung fair und sauber hinzubekommen."

Einige Wochen später wurde die Ehe einvernehmlich geschieden. Die für beide Teile unangenehme Prozedur verlief ohne nennenswerte Probleme. In der Folge blühte Selina richtig auf. Sie war fest überzeugt, ihr Leben auch ohne ihren Mann und seiner kaltherzigen Familie in den Griff zu bekommen.

Zehn Tage später bekam Silvie einen Anruf von Selina, in dem sie sie um ein Treffen bat.

Als Silvie in dem mittlerweile gern besuchten Stammcafé eintraf, winkte ihr Selina schon strahlend zu.

„Wie schön, dass du kommen konntest", sagte sie und küsste Silvie auf beide Wangen.

Nachdem Selina Silvie sämtliche Neuigkeiten erzählt hatte, dachte Silvie eine Weile nach. Dann legte sie ihr den Arm auf die Schulter und sagte entschlossen:

„Ich hätte da jetzt einen Vorschlag: Es wird das Beste sein, bis du etwas Passendes für dich gefunden hast, dass du – nur wenn du willst – bei mir in eine Art Gästezimmer einziehst. Unsere Vier-Zimmer-Wohnung ist groß genug.

Mein Mann ist eh äußerst selten daheim und meine Töchter sind tagsüber die meiste Zeit anderweitig beschäftigt.

Schreck dich nur nicht, wenn dir unser Kater Bodo ab und zu über den Weg rennt oder es sich bei dir gemütlich macht."

„Danke", Selina wirkte erleichtert. „Du bist echt ein Schatz! Natürlich nehme dein Angebot gerne an.

Das heißt, aber ... das geht doch nicht", sagte Selina nachdenklich.

„Ich kann dir doch nicht auf der Tasche liegen." „Quatsch!", erwiderte Silvie mit fast beleidigter Stimme. „Mach dir darüber mal keine Gedanken!"

„Na ja, ich hoffe aber, euch nicht allzu lange zur Last fallen zu müssen!

Was den Kater betrifft: Ich bin äußerst tierlieb und würde mich freuen, wenn er sich bei mir wohlfühlt!"

Silvie schmunzelte. „Na, denn. Dann wär ja alles geklärt. Und du wirst uns überhaupt nicht zur Last fallen. Und was das

Finanzielle betrifft: Da mach dir bloß keine Gedanken. Solange du kein Einkommen hast, nehm ich sowieso kein Geld von dir, damit das gleich vorweg klar ist!"

„Ja, hast du denn so viel Vertrauen zu mir?", wollte Selina etwas beschämt wissen.

„Klar, warum nicht? Wenn ich kein Vertrauen zu dir hätte, würde ich es erst gar nicht vorschlagen. Ich möchte einfach, dass es dir gut geht", sagte Silvie.

Überhaupt fühlte sie sich in der Folge wie neu geboren. Aufgeschlossen für alles Neue, optimistisch und voller Tatendrang. Ihr Aufenthalt bei Silvie tat ihr gut und trug sichtlich viel bei. Und Silvie war froh, dass sie ihrer ehemaligen Schulfreundin über etliche Schwierigkeiten hinweghelfen konnte.

Es dauerte nicht lange und Selina bekam ihr erstes Angebot von einer in London ansässigen Fotoagentur zu Probeaufnahmen; Transfer, Hotel und Spesen würden bezahlt werden.

Selina überlegte, bei wem sie sich zuerst bedanken sollte. Beim lieben Gott, weil der dafür gesorgt hatte, dass sich ihre und Silvies Wege wieder kreuzten oder bei ihrer Freundin, der sie Dinge anvertrauen konnte, die sie sonst niemandem erzählt hätte.

Eines Tages kam Silvie von einer Einkaufstour nach Hause. Kaum dass sie die Wohnungstür aufgeschlossen hatte, rief sie:

„Hallo, ich bin wieder da! ... Jemand zuhause?"

Die Badezimmertür ging auf.

„Was schreist du denn so?", vermeldete ihre Jüngste, die mit einem Handtuch um die nassen Haare gewickelt und der Zahnbürste im Mund aus der Badezimmertür spähte. Ihr Gesicht, bedeckt von einer grünlichen Gesichtsmaske, glich dem eines Marsmännchens. Silvie musste sich bei diesem komischen Anblick das Lachen tunlichst verkneifen.

„Ist Post für mich gekommen?", rief Silvie erwartungsvoll.

„Ja", vermeldete Elsa. „Aus England von deiner Freundin Selina!"

„Wo? Wo ist das Schreiben?", platzte es aus Silvie ganz aufgeregt heraus.

„Der Brief liegt auf der Vorzimmerablage!", setzte Elsa ihre Mutter grinsend in Kenntnis.

„Nein, da liegen nur Sonnenbrille, ein Packerl Papiertaschentücher und ein Schlüsselbund", informierte Silvie Elsa ein wenig entnervt.

„Liegt er nicht dort bei der anderen Post dabei? ... Na, dann hab ich ihn ... lass mich mal überlegen. Ah ja, ich hab ihn auf den Wohnzimmertisch gelegt."

Daraufhin stellte Silvie ihre Einkaufstasche hastig auf der Truhe im Flur ab und rannte ins Wohnzimmer.

Während sie das Kuvert aufschlitzte und das Schreiben herausfingerte, lief sie zur Couch und begann zu lesen:

Liebe Silvie,
Nachdem du mir schon immer mit deiner sachlichen Art, deinem wachen Verstand und der Fähigkeit, hinter einen schönen Schein zu blicken, imponiert hast, ist mir mittlerweile klar geworden, wie Recht du damit hattest, mir zu raten, mich von Herbert zu trennen.
Mir geht es zurzeit so gut, dass es besser nicht laufen könnte. Die Aufträge häufen sich und mein Terminkalender füllt sich zusehends. Modeschauen, Fotos für bekannte Modekataloge ... ständig ist was los. Zurzeit bin ich in London, werde aber in den nächsten Tagen nach Österreich kommen und mich bei dir melden. Ich hoffe, dass wir uns dann irgendwo treffen können, ich habe viel zu berichten ... natürlich nur, wenn's dir recht ist!
Deine zu Dank verpflichtete Selina.

Silvie ließ den Brief sinken, seufzte erleichtert und rief: „Na also ..., ich hab es g'wusst ... ich hab's immer g'wusst!"

„Was hast du g'wusst?", vermeldete ihre Tochter Elsa aus dem Bad, in das sie sich wieder summend zurückgezogen hatte.

„Wie? Ach so: Na ja, ich hab's eben gewusst, dass aus Selina eines Tages etwas Besonderes wird!" Silvie ging in die Küche, um sich von dem angefangenen Rotwein ein Glas einzuschenken. Dann prostete sie:

„Auf dich, Selina, du hast es verdient!" Sie freute sich, sie freute sich riesig, dass sie mit ihrer Voraussage richtig gelegen hatte.

Dann trank sie das Glas halb leer und stellte es auf der Küchenanrichte ab, um die vollbepackte Einkaufstasche aus dem Vorzimmer zu holen.

Kurzerhand marschierte sie dann ins Wohnzimmer. Dort stellte sie sich vors Bücherregal und grübelte gedankenverloren darüber nach, wo sie den zuletzt betrachteten Bilderband eingereiht hat. „Auf Seite vier bist dann du zu sehen, Selina", sagte Silvie nach einer Weile schmunzelnd.

Während der folgenden Tage wollte sich Silvie dann endlich um ihre eigene Ehe kümmern.

Diese Ungewissheit machte ihr enorm zu schaffen. Die Andeutungen von Selinas Mann ließen ihr einfach keine Ruhe. Sie wollte unbedingt Gewissheit und überlegte fieberhaft, wie sie am besten vorgehen sollte.

Einen Tag später war es schon so weit:

Natürlich wirkte Silvie an jenem Tag angespannt und nervös wie selten zuvor, aber es war ihr nicht zu verdenken, denn der Schritt, den sie nun zu tun gedachte, war ja nicht alltäglich. Natürlich hätte sie jetzt viel dafür gegeben, das folgende Gespräch nicht führen zu müssen, aber sie hielt es für dringend notwendig.

Nach kurzem Zögern, und nachdem sie tief durchgeatmet hatte, entschloss sie sich, den Stier bei den Hörnern zu packen.

Mit der Absicht, möglichst ungezwungen zu erscheinen, sagte sie am nächsten Morgen zu ihrem Mann, der gerade dabei war, eilig die Wohnung zu einem angeblich wichtigen Termin zu verlassen:

„Nur noch einen Moment, ich möchte kurz mit dir reden." Es war inzwischen zehn Minuten nach sieben. „Es dauert nur ein paar Minuten", sagte Silvie zu ihrem Mann, bevor er sich verabschieden wollte. Er blieb kurz stehen und sah Silvie abwartend an.

Ihre Miene verriet ihm, dass irgendetwas Unangenehmes auf ihn zukommen würde.

Verlegen machte er einen Blick auf seine Armbanduhr. Er wirkte irgendwie fahrig. „Ist es etwas Wichtiges? Rück schon

raus mit der Sprache, ich habe in einer Stunde einen wichtigen Termin und muss vorher dringend in die Firma", antwortete er hektisch.
Dabei schaute er Silvie mit hochgezogenen Augenbrauen fragend an.
„Das hier ist auch wichtig", betonte Silvie ernst.
Sie erkannte sofort, dass er ahnte, wovon sie sprach.
Silvie war absolut keine Frau, die zu großen Szenen neigte, aber diesmal war ein klärendes Gespräch notwendig.
„Kannst du dir das wirklich nicht denken?", fragte sie betont ernst.
Seine Gesichtszüge bekamen auf einmal einen merkwürdigen Ausdruck. „Also wirklich!", ungeduldig spähte er erneut auf seine Armbanduhr. „Ich verstehe immer noch nicht ganz, was du meinst, und wäre dir dankbar, wenn du mich aufklärst, und das bitteschön rasch", murmelte er missmutig vor sich hin.
„Ach, ja? Hören wir doch einfach auf, um den heißen Brei zu reden. Hast du eine Affäre mit einer anderen?"
Silvie bemühte sich, ihre Tonlage nicht zu verändern, obwohl ihr nach einem erbosten Kommentar zumute war.
Noch nie seit ihrer Eheschließung hatte ihr Mann bei ihr eine derartige Wut ausgelöst. Sicher ertappte sie sich öfter bei negativen Gedanken, hatte aber niemals mit so etwas gerechnet.
Mit ungewohnter Heftigkeit, die sie bei ihm nicht gewohnt war, verfinsterten sich seine Züge und er fragte mit erhobener Stimme:
„Na, hör mal, was soll das? Das ist ja lächerlich, wer hat dir denn diesen Floh ins Ohr gesetzt? Wie ... wie kommst du überhaupt auf so einen Blödsinn? Soviel Schwachsinn hast du noch nie von dir gegeben", schrie er, vermied es aber, Silvie dabei anzusehen.
„Beantworte einfach nur meine Frage. Aber versuch erst gar nicht, mir irgendein Lügenmärchen aufzutischen", warnte ihn Silvie.
In die Enge getrieben reagierte er auf die für ihn typische Weise.

„Ach was ... das ist alles nur dummes Geschwätz", meinte er aggressiv.

„Apropos, müssen wir das unbedingt jetzt besprechen?" Seine Körpersprache verriet Silvie, wie nervös er war.

„Dann klär mich mal auf, warum du dich so aufregst? Was ist eigentlich los mit dir? Versuch einmal, ruhig mit mir zu reden. Ich meine in einer normalen Lautstärke, ich bin nicht schwerhörig!" Silvie blieb sachlich.

„Hältst du mich wirklich für so blöd? Glaubst du, ich merke nicht schon lang, dass da irgendetwas im Busch ist? Begreifst du eigentlich, wie sehr du mich verletzt hast?", fügte Silvie bitter hinzu.

„Wenn du schon deine Hormone nicht im Griff hast und dich wie ein närrischer Gockel aufführst, dann sorge wenigstens dafür, dass niemand etwas mitkriegt."

Leise fügte sie hinzu: „Es wird nämlich schon geredet! ... Direkt peinlich!"

Statt ihr eine Antwort zu geben, starrte er sie nur an, schnappte sich seine Aktentasche und verließ eilig, die Tür hinter sich zuknallend die Wohnung. *Da habe ich jetzt wohl einen wunden Punkt getroffen,* dachte Silvie bei sich. Wut und Gekränktheit stritten sich um die Herrschaft ihrer Gedanken. Rückblickend begriff sie plötzlich sein gleichgültiges, zeitweilig liebloses Verhalten ihr gegenüber ... das sie immer öfter als rücksichtslos und egoistisch empfand. Oder war er immer schon so? Vermutlich war ihr das nie aufgefallen, weil sie nichts anderes kannte. Dass sie bei seinen beruflichen Interessen stets an zweiter Stelle kam, daran hatte sie sich ja längst gewöhnt.

Die Wirklichkeit traf sie jetzt wie ein Keulenschlag.

Zum ersten Mal seit ihrer Heirat fühlte sie sich erniedrigt und verlassen. Plötzlich wurde ihr klar, wie abhängig sie in ihrem hilflosen Zustand war. Sie konnte auch im Moment niemanden fragen, was sie jetzt tun sollte, denn es gab niemanden, der ihr einen Rat hätte geben können. Bei ihren Schwiegereltern hätte sie vermutlich diesbezüglich kein offenes Ohr gefunden. Schon gar nicht bei ihrer Schwiegermutter, bei der sie stets unbeliebt gewesen war, und die ihr wahrscheinlich sowieso die alleinige Schuld zugewiesen hätte.

Silvie musste jetzt versuchen, sich selbst mit konsequenter Diplomatie aus dieser bedrohlichen Situation zu befreien.

Ihr war klar, dass es nicht einfach werden würde, zumal sie ihre Töchter, so gut es ging, mit ihren Problemen verschonen wollte.

Auch wenn ihre Ehe jetzt in eine Sackgasse geraten war, wollte sie sie nicht in der ersten schweren Krise aufgeben.

Dass eine andere Frau im Spiel war, darauf wäre Silvie nie im Leben gekommen. Dann fiel ihr auf einmal das Gespräch mit Selina ein, und wie sie die Hinweise auf das „mit der ehelichen Treue nicht genau nehmen" seinerzeit als lächerlich abgetan hatte.

In all den Jahren, in denen sie verheiratet waren, hatte sich Silvie nur als Mutter und Ehefrau von … gesehen, aber nie darüber nachgedacht, dass sich das von heut auf morgen ändern könnte.

Nun aber wollte sie es am nächsten Morgen nach dem Frühstück wissen, nachdem sich die Mädels in ihre Zimmer zurückgezogen hatten, um sich auf ihre täglichen schulischen Aufgaben vorzubereiten.

Silvie seufzte. „Was ist los mit dir? Wir sollten einmal ernsthaft miteinander reden, findest du nicht?" Sie wollte endlich Gewissheit, ob er ein Verhältnis mit einer anderen Frau hatte.

Plötzlich gab er es ohne weitere Umschweife zu. Seine Direktheit erschütterte Silvie jetzt fast mehr als die Erkenntnis, dass sie mit ihrer Vermutung tatsächlich Recht hatte.

Sie hatte damit gerechnet, dass er alles leugnen, dass er sie beschimpfen würde, dass sie nicht derartigen Unsinn reden sollte. Stattdessen runzelte er die Stirn und sah Silvie mit einem eigentümlichen Blick an, so dass es sie direkt ängstigte:

„Hören wir auf so zu tun, als sei alles in Ordnung zwischen uns", sagte er auf einmal mit einer wegwerfenden Handbewegung. „Wir wissen beide, was los ist, also sollten wir dieses unwürdige Hin und Her beenden."

Mit einem selbstgefälligen Grinsen meinte er dann noch: „Übrigens, es war nicht das erste Mal, dass ich dich betrogen habe. Du hast bloß nie etwas mitbekommen!"

Vor den Kopf gestoßen starrte Silvie ihren Mann mit einem giftigen Blick an.

Hör auf! In ihr tobte es gewaltig. *Hör endlich auf! Ich kann diese Gemeinheiten nicht mehr hören,* dachte sie verbittert.

„Aber ich muss es dir wirklich einmal sagen, Silvie: Du hast dich im Laufe der Jahre zu einer gefühlskalten, ungebildeten, nichtssagenden, langweiligen Nur-Hausfrau und Glucke entwickelt."

„Was unterstellst du mir da? Du hast absolut nicht das Recht, mich derart zu beleidigen. Ausgerechnet von dir so etwas zu hören, ist schon ziemlich komisch. Wer von uns beiden ist denn hier der Langweiler, wenn du verstehst, was ich meine."

Sie fühlte sich auf einmal entsetzlich elend und hatte auch keine Lust mehr, sich dieses verletzende Geschwafel länger anzuhören. Trotzdem wollte sie noch ein paar Dinge loswerden:

„Für die Außenwelt spielst du stets den perfekten Gatten, mir gegenüber aber bist du sowas von erbärmlich, gemein und bösartig", schrie Silvie ihren Mann an und warf ihm einen Blick zu, der an Schärfe nicht zu überbieten war.

Silvie zitterte am ganzen Körper, so brutal trafen sie seine Worte und sein unverhüllter Hass. Wie lange hat der schon in ihm geschlummert? Silvie hatte rein gar nichts davon bemerkt! Verzweifelt kämpfte sie gegen das aufsteigende Schluchzen an.

Plötzlich war ihr klar, wie selten sie noch miteinander schliefen, in den letzten Monaten gar nicht mehr. Genau genommen nicht einmal an ihrem Geburtstag. Und wenn er sie im Dunkeln dann doch ab und zu in den Arm nahm, war das eine kurze Angelegenheit, bei der er nur an sich dachte. Dass sie die Kuschelphase nach einer langjährigen Ehe bereits hinter sich gelassen hatten, war ihr ja klar. Tatsache war auch, dass er ihr gegenüber nie ein feuriger Liebhaber gewesen war. Seine Leidenschaften beschränkten sich mehr auf Fußballübertragungen im Fernsehen. Da war er dann ganz in seinem Element.

Silvie zwang sich aber stets, ihren Mann so zu sehen, wie er nun einmal war.

Plötzlich erinnerte sie sich auch an seine lieblose Art und wie er ihr einmal einen teuren Ring geschenkt hatte, als wäre es für ihn eine Pflichterfüllung. Jetzt wusste sie, warum es ihr damals so schwergefallen war, sich darüber zu freuen. Der Ring war kein liebevoll ausgesuchtes Geschenk, er war einfach nur teuer, ziemlich teuer.

„Wer ist sie?", wollte Silvie schließlich wissen, obwohl sie es längst wusste.

„Spielt das denn eine Rolle?", entgegnete er und blickte nervös auf seine Hände.

„Kann man wohl sagen", gab Silvie zurück. „Ich wüsste schon gerne, mit wem ich meinen Ehemann teilen muss."

Es entstand eine längere Pause. Sie merkte, dass ihn die Frage verwirrte. *Aha,* dachte Silvie. Es bringt ihn durchaus aus dem Konzept, wenn jemand nicht die Fassung verliert, sondern ruhig bleibt.

Er überlegte, was er jetzt sagen sollte.

„Unsinn, so ist es gar nicht", winkte er ab.

„Also hat es sich nur um eine einmalige Sache gehandelt? Sieht das diese *Dame* genau so?", fragte Silvie mit eisiger Miene.

Obwohl sie wusste, dass dieses Verhältnis schon länger lief, forderte sie schließlich:

„Wie auch immer, finde heraus, wie es jetzt mit uns weitergehen soll. Aber tu das bitte bald!"

Sicher hätte Silvie noch eine Menge hinzufügen können. Ihr war aber im Moment absolut nicht danach.

Ohne ein weiteres Wort stand sie auf, drehte sich um und versuchte mit zittrigen Händen, den Rest vom Esstisch in der Wohnküche in den Kühlschrank einzuräumen.

Bevor sie das tat, konnte sie sich nicht verkneifen, ihren Mann einen „elenden Mistkerl" zu nennen. Niemand hatte es je geschafft, Silvie so schnell wütend zu machen, wie zurzeit ihr Mann.

Zum ersten Mal in ihrer langjährigen Ehe hatte sie sich richtig gehen lassen. Aber da war auf einmal eine Wut in ihr, die Silvie einerseits zwar erschreckte, die aber andererseits heraus musste. Viel zu lange hat sie seine Eigenheiten akzeptiert.

Die Telefonanrufe, die Worte von Selinas Mann, alles hatte sie belächelt. Jetzt … jetzt war ihr das Lachen vergangen.

Auf einmal fiel ihr auch auf, dass es schon längst kein Herumalbern und keine Fröhlichkeit mehr zwischen ihnen gab.

Plötzlich war Silvie klar, dass sich ihr Mann während seiner häufig auswärtigen, angeblich wichtigen „Termine", während sie sich um Haushalt und Kinder kümmerte, anderweitig amüsierte und ein perfektes Doppelleben führte. Von einem Moment auf den anderen war nichts mehr so, wie es einmal war, oder sie bislang dachte, dass es ist.

Natürlich hatte sie Fehler gemacht, so wie jeder Mensch Fehler macht, aber jetzt … jetzt war sie auf dergleichen nicht vorbereitet und nichts hätte sie heftiger treffen können als das eben Gesagte.

In Silvies Augen hätte aber momentan eine weitere Auseinandersetzung keinen Sinn gehabt. Und so zog sie es vor, einfach weiter zu machen wie bisher.

Die Erinnerung an ein harmonisches Familienleben nach all den vergangenen Jahren, lustige Campingurlaube, die sie mit Freunden aus verschiedenen Ländern zusammen verbrachten, hat ihr letztendlich dann doch die Angst vor einer total zerrütteten Familie genommen.

Sie brauchte jetzt eine Weile Geduld – und ein ganz dickes Fell.

Sich gegenseitig weitere Vorwürfe zu machen hätte die Situation wahrscheinlich nur verschlimmert. Solange Silvie keine endgültige Entscheidung getroffen hatte, fand sie es klüger abzuwarten und zu schweigen.

Trotzdem, so gedemütigt hatte sie sich noch nie gefühlt.

Was Silvie letztendlich gehalten hat? Die Erinnerung an die gescheiterte Ehe ihrer Eltern.

Damals, als diese sich trennten, sie war gerademal siebzehn, hatte sie sich fest vorgenommen, alles zu tun, um ihre Kinder (sie wollte immer zwei) einmal in einer intakten Familie aufwachsen zu lassen. Sie war bereit, dafür alles zu tun und bis zum Äußersten zu kämpfen.

Jetzt war auf einmal nichts mehr so, wie es einmal gewesen war.

Silvie hatte sich ihr Leben irgendwie anders vorgestellt; es hätte alles so schön, so harmonisch sein können.

Ihr Mann hatte einen tollen Job, fuhr ein schönes Auto und sie hatten auch sonst keinerlei finanzielle Sorgen.

Irgendwann in den letzten Wochen war ihr aber klar geworden, dass ihr Leben so, wie es momentan war, nicht weitergehen konnte.

Mit hochroten Wangen meinte Silvie, bevor sie den Raum verließ:

„Ach was, rutsch mir doch den Buckel runter. Meine Kinder wirst du nicht zerstören, das werde ich mit allen Mitteln zu verhindern wissen.

Du wirst mich schon noch kennenlernen und mich nicht mehr unterdrücken", schwor sie sich insgeheim.

In einer Art Trance erledigte Silvie den Tag über, was erledigt werden musste.

Sie putzte, kochte, wusch, bügelte und kümmerte sich wie immer um das Wohl ihrer Mädels. Trotzdem hätte sie liebend gern gewusst, dass das alles nur ein böser Traum war.

Sie schlief kaum mehr als drei, vier Stunden pro Nacht. Anstatt zu schlafen verbrachte sie die Zeit damit, darüber nachzudenken, wie sie ihrem Mann einen Denkzettel verpassen könnte.

Innerhalb von anderthalb Wochen verlor sie fast vier Kilo an Gewicht. Natürlich kannte niemand den wahren Sachverhalt in ihrer Ehe.

In der Öffentlichkeit und bei gesellschaftlichen Anlässen spielte ihr Mann stets den aufmerksamen und charmanten Ehemann; eine perfekt zurechtgezimmerte Fassade. Er überschüttete seinen „Liebling", wie er Silvie in der Öffentlichkeit immer nannte, mit Geschenken und teurem Schmuck. Aber nicht, wie sich später einmal herausstellte, um ihr persönlich eine Freude zu bereiten, sondern um der Umwelt zu zeigen:

„Schaut her, wie ich meine Frau verwöhne!"

Silvie hatte Angst, ihre Mädels mit ihren Problemen zu belasten. Aber die hatten schon längst bemerkt, dass bei ihren Eltern etwas im Argen liegt.

In der Folge kapselten sie sich immer mehr ab, und weinten sich an der Schulter von Freunden oder Bekannten aus.

Irgendwann kam Silvie der Gedanke, dass für sie ein Fernstudium für Belletristik sinnvoll wäre.

Sie meldete sich umgehend bei einer in Hamburg ansässigen Hochschule an.

Der Beginn dieses Fernstudiums änderte Silvies Leben völlig. Die Doppelbelastung Haushalt und Lernen war für sie zwar ganz schön stressig, zumal sie von ihrer Familie keinerlei Unterstützung erwarten konnte. Oft spielte sie mit dem Gedanken, alles wieder aufzugeben.

Aber allmählich, ganz allmählich pendelte sich Silvies Leben in den neuen Rhythmus zwischen Lernen und Hausarbeit ein.

Oftmals wurde sie mit ironischen Blicken ihres Mannes daran erinnert, dass sie in dieser – seiner Meinung nach vertanenen – Zeit ihre Hausfrauenpflichten nicht vergessen sollte. Aber Silvie wollte da unbedingt durch.

„Warum sieht er ständig alles negativ, statt mir mal eine Chance zu geben und mir auch etwas zuzutrauen?", fragte sich Silvie verärgert.

Ihre Mädels wollte sie schon gar nicht mit ihren Belangen belasten, denn die hatten genug für die Schule zu tun.

Was ihr blieb, waren interessante Bücher. Aber anders als früher, wo sie sich die Zeit zum Lesen hatte stehlen müssen, dienten diese jetzt dazu, ihren Horizont zu erweitern.

Als intensive Leseratte fand sie verschiedenartige Bücher auf einem Trödelmarkt oder in einem Tauschbasar. Ungemein spannend fand sie alles über Tiere, Pflanzen, besonders Orchideen, und den Fortschritt in der Forschung der Medizin.

Sie hatte sich vorgenommen, das zu tun, was für sie längst notwendig war:

Weiterbilden, um ihr Selbstwertgefühl zu stärken. Etwas tun, das sie bitter nötig hatte. Fortan war ihr Wissensdurst enorm.

Oft hat sich Silvie gefragt, welches Angstgefühl ihr Mann aus seiner angeblich guten Kindheit mitgenommen hat. Er ist als Einzelkind nie missachtet, nie beiseite geschoben worden.

Er war immer der Mittelpunkt im Leben seiner Mutter gewesen, für die sie von Anfang an ein unbeliebter Eindringling war. Selbst nach der einfachen Hochzeit wurde sie lange Zeit von ihr mit „Fräulein Silvie" angeredet. Wohin die Hochzeitsreise ging … bestimmte natürlich sie. Solang keine Kinder da waren, war es für sie selbstverständlich, dass die Wochenenden ohne Einwände gemeinsam verbracht wurden.

Später war Silvies erste Schwangerschaft für ihre Schwiegermutter ein dermaßen fassungsloser Schock. Sie hatte Silvie sogar einmal unterstellt, die Schwangerschaft „arglistig" herbeigeführt zu haben, nur um künftig keiner Arbeit mehr nachgehen zu müssen.

Silvie erinnere sich auch noch genau an eine Episode, die ihre Ablehnung gegen diese Frau verstärkte:

Ihr Sohn nannte sie spaßeshalber bei einer gemeinsamen Ausfahrt mit ihrer drei Monate alten Tochter Karo im Kinderwagen einmal „Oma", worauf sie zutiefst beleidigt reagierte:

„Ich bin nicht deine Oma, dass das klar ist!" Sie wollte einfach keine „Oma" sein, geschweige denn so genannt werden.

Silvie wollte damals keinen Streit vom Zaun brechen, aber innerlich war sie so wütend, dass sie sich bemühen musste, ruhig zu bleiben und nicht auszurasten.

Silvie war erleichtert, als sie zusammen mit ihrer kleinen Familie ein Jahr danach eine kleine Mietwohnung beziehen konnte. Bis dahin wohnten sie getrennt.

Obwohl in der damaligen Wohnung einer Verwandten von Silvie Platz genug für alle gewesen wäre, musste ihr Mann, bis sie ihre eigene Mietwohnung beziehen konnten, bei seinen Eltern und Silvie bei ihrer Mutter wohnen.

Wenn Silvie daran zurückdachte, wie feige und schwach sich ihr Mann damals verhalten hat, steigt noch immer eine unbändige Wut in ihr hoch.

Silvies Schwiegervater dagegen war stolz, ein Opa zu sein. Er erzählte ihr später oft bei seinen häufigen Besuchen von seinen eigenen erlebten Jugendepisoden.

Manchmal musste Silvie schmunzeln, wenn seine Erzählungen „münchhausenähnliche" Formen annahmen. Aber er war eben so: ein liebenswerter Opa.

Es war knapp drei Wochen später, Silvies Schwiegervater wollte ihr gerade eine weitere seiner erlebten Geschichten aus seiner Jugendzeit erzählen, als das Telefon klingelte.

Silvie nahm den Hörer ab und meldete sich etwas forsch. Selina war dran:

„Hallo Silvie, ich bin's, Selina. Hast du Besuch ... störe ich dich etwa gerade?"

Etwas beschämt über ihr ruppiges Verhalten, meinte Silvie: „Aber nein, ich habe eh schon auf deinen Anruf gewartet."

Sie war sich sicher, dass ihr bei ihrem derzeitigen Dilemma vielleicht eine Ablenkung ganz gut tun würde und Selina die richtige Gesprächspartnerin wäre.

„Na ja, wie auch immer ... es sieht so aus, als ob ich in den nächsten Tagen beruflich in Linz zu tun hab. Ich wohne zwei Tage im Hotel *Drei Linden* und es wäre doch nett, wenn wir uns da irgendwann treffen könnten. Würde es dir übermorgen passen? Ich denke, dass ich mich da für ein paar Stunden frei machen könnte." Nach einer kurzen Pause fügte sie noch hinzu: „Vielleicht in dem Kaffee, in dem wir seinerzeit öfter gequatscht haben, was meinst du?"

„Lass mich mal überlegen ... ja, übermorgen so gegen drei würde passen", antwortete Silvie.

„Ich freue mich riesig, dich zu sehen und werde versuchen, pünktlich dort zu sein." Silvie versprach, beim Eingang des Kaufhauses auf Selina zu warten.

„Außerdem bin ich schon gespannt, wie's dir in letzter Zeit so ergangen ist! Mir selbst fällt eh daheim langsam die Decke auf den Kopf. Im Übrigen hab ich dir viel zu erzählen."

Zum einen war Silvie froh, Selina zu treffen, denn sie hatte schon lange nichts von ihr gehört, zum anderen war es ihr aber doch irgendwie peinlich, über ihre eigenen Probleme zu reden.

Zehn Minuten vor drei erreichte Silvie den Haupteingang des Kaufhauses.

Da sie früh dran war, schaute sie sich interessiert in der Auslage teuren Schmuck, schöne Kleider, und ausgefallene Accessoires an … was sie schon eine Ewigkeit nicht mehr getan hatte. Silvie seufzte: „Ich sollte mir auch wieder einmal ein paar schicke Sachen zulegen."

Es dauerte nicht lang und Selina erschien … im wahrsten Sinn des Wortes.

„Schön, dass du schon da bist, Silvie", strahlte Selina, vor Freude außer sich, über das ganze Gesicht.

„Ich freue mich riesig, dich zu sehen!"

Als Silvie Selina sah, konnte sie zunächst ihren Augen fast nicht trauen. Selina sah großartig aus, überhaupt nicht wie eine Frau mit einer derart problematischen Vergangenheit. Sie trug jetzt ihre Haare offen und einige helle Streifen brachten diese lebhafter zur Geltung. Sie schien Silvies Meinung nach überhaupt in den letzten Wochen ausgeglichener und fröhlicher geworden zu sein.

Selina und Silvie betraten das kleine Café im Erdgeschoß, das sie schon des Öfteren aufgesucht hatten.

Sie schafften es noch, den kleinen runden Tisch in der Ecke zu ergattern. Sofort eilte die Bedienung lächelnd herbei, und fragte, was es denn sein sollte. Silvie und Selina bestellten für sich jeweils einen Kaffee und ein Glas Prosecco.

„Für mich bitte den Kaffee ohne Milch und Zucker", rief Selina der Kellnerin nach.

„Du siehst umwerfend aus!", sagte Silvie dann zu ihr, nachdem sie sie eine Weile betrachtet hatte.

„Und wie geht es dir sonst so?" Silvie musterte Selina aufmerksam. „Unbegreiflich, wie du es fertigbringst, mit so einer schwierigen Vergangenheit so blendend auszusehen."

„Wie's mir geht?", erwiderte Selina lächelnd. „Mir geht es dank deiner Hilfe ausgezeichnet. Es könnte nicht besser sein."

Gerade als sie anfangen wollte von ihrem Leben als Fotomodell zu erzählen, kam ein an Ohren und Nase gepiercter junger Mann zur Tür herein und schaute unschlüssig in die Runde.

Silvie wandte sich, nachdem sie den Lackaffen eingehend gemustert hatte, wieder Selina zu, um sich mit ihr weiter zu unterhalten, als sie plötzlich von hinten angesprochen wurde:

„Entschuldigung, ich will Sie nicht stören, aber ich bin ziemlich sicher, dass ich vor kurzem eine Karte mit ein paar wichtigen Telefonnummern dummerweise hier irgendwo liegen g'lassen hab. Sie haben die Karte nicht zufällig g'funden?" Der Schönling hob fragend die Brauen.

Silvies Miene verdüsterte sich schlagartig.

Irgendwie bildete sie sich nämlich ein, dass diese Fragerei vermutlich nur ein Vorwand war, um mit ihnen ins Gespräch zu kommen. Sie schüttelte den Kopf und antwortete entnervt:

„Hören Sie, guter Mann, das interessiert mich eigentlich jetzt überhaupt nicht ... fragen Sie doch beim Personal nach!"

Ihre Antwort klang energischer als sie es beabsichtigte und es tat ihr auch augenblicklich leid.

Selina schüttelte ihrerseits den Kopf, sah Silvie ungläubig an und ergriff ihren Arm.

Mit gedämpfter Stimme flüsterte sie Silvie ins Ohr. „Was ... was ist denn mit dir los? Warum bringst du den denn so in Verlegenheit? War das wirklich nötig, so zickig auf eine höflich gestellte Frage zu antworten? Du bist ja völlig durch den Wind. So kenn ich dich gar nicht!"

Silvie lachte gekünstelt, um zu überspielen, wie peinlich ihr ihre heftige Reaktion war. Am liebsten wäre sie im Erdboden versunken und überlegte, ob sie jetzt mauern oder besser versuchen sollte, Selina über ihre derzeitige schwierige Situation aufzuklären.

„Tut mir leid, ich weiß selbst, dass ich momentan nicht gut drauf bin und mich etwas im Ton vergriffen hab! Es ist nur so ... ich bin zurzeit ziemlich durcheinander", sagte Silvie und atmete tief durch.

Ehrlich gesagt sträubte sich alles in ihr, über die vergangenen Wochen zu reden. Als sie dann doch anfing leise zu reden, sagte sie auf einmal mit belegter Stimme:

„Aber ich möchte dich nicht mit meinen Problemen belasten."

„Na los, jetzt mach es nicht so spannend, erzähl schon, was los ist!", forderte Selina Silvie ungeduldig auf. „Was ist passiert? Du weißt, ich bin deine Freundin, der du vertrauen kannst."

„Noch einmal, ich will dich wirklich nicht mit meinem Gejammer nerven … Ich fürchte, im Moment ist mein Leben ein ziemliches Chaos."

Silvie schloss für einen kurzen Moment die Augen. Sie überlegte, ob sie Selina von ihrem Problem erzählen sollte. Dann atmete sie tief durch, nahm einen Schluck Kaffee, bevor sie anfing, Selina auf den neuesten Stand der Dinge zu bringen.

„Oha, ich ahne, was jetzt kommt", murmelte Selina. „Wenn … wenn ich mich recht erinnere, ging's damals um eine gewisse Roswitha Schneider. Sag bloß … sag bloß, dein Mann ist mit der doch irgendwie verbandelt. Du weißt ja, dass du jederzeit mit mir darüber reden kannst." „Na ja, es ist leider so", gab Silvie kleinlaut zu.

„Entschuldige, was hast du da eben gesagt?" Selina runzelte die Stirn. „Nicht so laut", flüsterte Silvie. Sie wollte vermeiden, dass man am Nachbartisch mithörte.

„Jetzt komm! Wir trinken erst einmal unseren Kaffee, und du erzählst mir dann der Reihe nach, was los ist", sagte Selina.

Silvie zögerte einen Augenblick, dann erzählte sie Selina ihre Geschichte, die auch in der Kurzfassung etwas länger dauerte.

Selina hörte aufmerksam zu und schüttelte fassungslos den Kopf. „Das ist nicht dein Ernst!", rief Selina entsetzt. „Silvie, mir fehlen echt die Worte", meinte sie, nachdem Silvie geendet hatte, und schaute sie völlig betroffen an.

„Doch, es ist so. Verrückt, nicht wahr? Und genaugenommen läuft mit dieser Frau schon länger eine Affäre", murmelte Silvie vor sich hin.

„Selina, du ahnst gar nicht, wie hilflos ich mich zurzeit fühle. Früher war ich für alle der Fels in der Brandung, habe jede Herausforderung mit links wegstecken können. Aber jetzt? Es war naiv zu glauben, dass mir so etwas nie passieren kann."

Nach sekundenlangem Schweigen warf Selina, an Silvie gewandt, dazwischen:

„Ich fasse es nicht! Das ist eine bodenlose Gemeinheit von dieser ... miesen Person. Lass dich jetzt bloß nicht unterkriegen und zeig deinem Mann ruhig einmal die Zähne. Du hättest dieser *Dame* sagen können, wenn sie ihren Mann betrügt, so ist das ihre Sache. Aber du hättest von ihr verlangen können, dass sie von deinem Mann die Finger lässt! Und die ladest du auch noch zu dir nach Hause ein und bewirtest sie? Also wirklich", fügte sie empört hinzu und bemühte sich, ruhig zu bleiben.

„Wie sehr dich das jetzt trifft, ist mir klar." Mitfühlend legte Selina die Hand auf Silvie. „Vergiss nur nie, dass du in mir eine Freundin hast, die immer hinter dir steht, egal was kommt!"

„Nett von dir", flüsterte Silvie dankbar. „Wenn ich genau überlege, hatte ich ja von Anfang an gespürt, dass diese Person ein dunkles Geheimnis umgibt, aber jetzt bin ich erst dahintergekommen, was es ist."

Ein wenig resigniert fügte sie hinzu: „Unglaublich, wie sich mein Leben in kürzester Zeit verändert hat." Hektisch strich sich Silvie eine Haarsträhne aus dem Gesicht. „Es ist so ungerecht, nicht wahr? Zurzeit bin ich sowas von am Boden zerstört."

Selina zögerte einen Moment, dann sagte sie: „So etwas hast du nicht verdient! Ich kann es immer noch nicht glauben. Hör mal, ich überlege grade, ob ich mir diese Frau einmal vornehmen soll, und mit ihr ein paar Takte reden?"

Silvie starrte eine Weile in ihre Kaffeetasse. Dann schüttelte sie den Kopf und meinte mit ernstem Gesichtsausdruck: „Aber nein", unterbrach Silvie Selina, „mag ja sein, dass du Recht hast, aber irgendwie kriege ich das schon in den Griff. Da muss ich jetzt allein durch." Leise flüsterte sie:

„Mist! Warum muss nur alles immer so kompliziert sein? Plötzlich erkennt man, dass nichts mehr so ist, wie es einmal war. Aber das gehört wahrscheinlich zum Leben dazu."

Selina sah Silvie eine Weile an, dann sagte sie nachdenklich:

„Wie auch immer, tu, was du für richtig hältst! Aber wie ich dich kenne, schaffst du das alles … ganz bestimmt! Lass jetzt nur nicht den Kopf hängen und gib Bescheid, wenn ich etwas für dich tun kann! Melde dich bitte heute auf jeden Fall noch, bevor ich wieder abreise. Ich möchte wissen, ob es dir gut geht."

„Wenn das mal so einfach wäre", überlegte Silvie und zuckte hilflos mit den Schultern. „Aber wie heißt es so treffend? Probleme sind Gelegenheiten, zu zeigen, wie man sie am besten lösen kann. Und das werde ich tun!", nahm sie sich fest vor.

Aber das blieb ihr dann Gott sei Dank erspart, denn das Blatt wendete sich unvorhergesehen!

Was ein paar Wochen danach geschah, sah Silvie als einen Wink des Schicksals in ihrem derzeitigen trostlosen Dasein.

Schon so manchen Rückschlag hatte sie in ihrem bisherigen Leben hinnehmen müssen, aber noch nie hatte es jemand geschafft, sie so konfus zu machen wie zurzeit ihr Mann.

Silvie kam gerade von einem längst fälligen Friseurbesuch nach Hause.

Als sie die Wohnungstüre aufschloss, wunderte sie sich, um diese Tageszeit die Stimme ihres Mannes zu vernehmen.

Silvie gab sich Mühe, möglichst lautlos zu sein.

Dann konnte sie einfach nicht fassen, was sie da alles zu hören bekam:

„Wohnungsdurchsuchung" … „Unregelmäßigkeiten" … „gestohlen" …

Vor Schreck stand Silvie da und wusste im Moment nicht, wie sie mit dieser Situation jetzt umgehen sollte.

Sie musste die Worte, die da gefallen waren, erst einmal verdauen. Dann, nachdem sie tief durchgeatmet hatte, öffnete sie abrupt die Wohnzimmertür.

Insgesamt drei Augenpaare schauten sie erstaunt an.

„Was ist da los? Was hat das hier alles zu bedeuten?", wollte Silvie nach einer Weile wissen.

Irgendetwas Unangenehmes liegt hier in der Luft, ich weiß zwar nicht genau, was es ist, aber es scheint nichts Gutes zu bedeuten, dachte sie bei sich und wartete gespannt auf eine Erklärung.

Silvies Mann lief plötzlich auf sie zu und meinte: „Oh, da bist du ja, mein Liebling. Diese Herren da möchten, dass ich sie auf das Polizeipräsidium begleite." Er machte eine wegwerfende Handbewegung und behauptete: „Mach dir aber keine Sorgen, es handelt sich bestimmt um ein Missverständnis, das sich rasch aufklären wird."
Von diesen Worten völlig überrascht merkte Silvie, dass sie sich dringend setzen musste.

Für wie dumm hält er mich eigentlich, und nennt mich Liebling? Jetzt, wo er scheinbar in der Patsche sitzt, bin ich auf einmal wieder sein Liebling.

Einer der zwei Polizisten in Zivil beobachtete die Szene aufmerksam. Misstrauisch und offensichtlich überzeugt, dass hier irgendetwas nicht stimmte, kritzelte er etwas auf seinen Notizblock und sagte dann freundlich, aber bestimmt:
„Gerüchten zufolge soll Ihr Mann in kriminelle Machenschaften verwickelt sein. Ich fürchte, wir müssen ihn, bis sich alles aufklärt, mitnehmen."

Mehr und mehr rätselte Silvie, was da alles um sie herum geschah. Aber jetzt musste sie erst einmal die Nerven behalten und nachdenken. Wie sie die Situation einschätzte, befand sich ihr Mann zurzeit offensichtlich wirklich in großen Schwierigkeiten.

Nun, egal, dachte Silvie, *jetzt bekommt er wahrscheinlich die Quittung für sein unerhörtes Verhalten mir gegenüber,* und verspürte sogar so etwas wie Genugtuung.

Hin und her gerissen zwischen ihren Gefühlen und den Gedanken an ihre Töchter, die sie eigentlich so gut es ging von ihren Problemen fernhalten wollte, überwand sie sich letztendlich, schüttelte den Kopf und sagte leise: „Ich kann mir nicht vorstellen, dass da irgendwo Unregelmäßigkeiten gewesen sind, in die mein Mann verwickelt sein sollte. Das hätte ich mit Sicherheit irgendwann bemerkt. Da will ihm anscheinend jemand etwas anhängen." Leise murmelte sie: „Neider gibt es überall!"

Daraufhin sah der jüngere Beamte Silvie überrascht an und meinte nachdenklich: „Nun ja, wir werden ja sehen." Aber Silvie wurde das Gefühl nicht los, dass er an ihren Worten zweifelte.

Schlussendlich musste ihr Mann dann doch für insgesamt fünf Tage in die U-Haft. Nachdem er aus Mangel an Beweisen und aufgrund von Silvies gutgesinnten Worten wieder entlassen wurde, bat sie ihr Mann noch am selben Abend um eine Unterredung:

„Zunächst möchte ich mich bei dir bedanken, dass du, obwohl ich dich in letzter Zeit ganz schön verletzt habe, bei den Beamten so gute Worte für mich eingelegt hast. Ich gebe ja zu, dass ich in der Vergangenheit verletzend und egoistisch gewesen bin." Er schwieg einen Moment, sah Silvie nachdenklich an und murmelte:

„Du bist schon eine erstaunliche Frau. Ich weiß nicht, woher du die Kraft nimmst, das, trotz allem was ich dir angetan hab, für mich zu tun. Kannst du jetzt die Vergangenheit, auch wenn es für dich nicht einfach gewesen ist, nicht einfach ruhen lassen? Ich weiß, es war gemein von mir und es wird nie mehr vorkommen", jammerte er weinerlich wie kleiner Junge.

Normalerweise würde er sich ja nie dabei ertappen lassen, Schwäche zu zeigen, aber jetzt weiß er einfach weder ein noch aus, und wie er sich aus dieser heiklen Sache befreien kann.

„Darüber brauchst du dir keine Gedanken machen, weil soviel ich weiß, will diese *Dame* mittlerweile eh nix mehr mit dir zu tun haben", sagte Silvie teilnahmslos. „Dir ist hoffentlich klar, dass du ohne meine wohlgesinnten Worte jetzt woanders wärst."

Silvie hat ihm dann noch eine Zeitlang geduldig zugehört, wie sehr er sein verletzendes und ehebrecherisches Verhalten bedauert ... bla, bla, bla ...

„Du hast in der Vergangenheit genug angerichtet und was immer du getan hast, ich will damit nichts zu tun haben. Wahrscheinlich habe ich dich jetzt auch vor einer längeren Haftstrafe bewahrt", sagte Silvie nach einer Weile mit ernster Miene und fügte leise hinzu:

„Du und wir alle können froh sein, dass du deinen Job nicht los bist! Nicht auszudenken, was dann los wäre, weil ... irgendetwas wird nämlich an der Anschuldigung schon dran sein."
Leise, mehr zu sich, fragte Silvie nachdenklich. „Was ist bloß in ihn gefahren?"
„Lass mich mal raten! Jetzt möchtest du sicherlich so tun, als wäre nichts gewesen, nicht wahr, das willst du doch?"
Silvies Mann tat zunächst, als verstünde er ihre Frage nicht und schaute sie verlegen an. „Vielleicht könntest du vergessen ..."
„Na, du hast vielleicht Nerven! Was erwartest du eigentlich jetzt von mir?", wollte Silvie erbost wissen. Sie bemühte sich, ihre Tonlage nicht zu verändern, obwohl ihr nach einer scharfen Bemerkung zumute war, weil sie seine Selbstverständlichkeit zunehmend als unverschämt empfand.
„Soll ich jetzt vor Glück einen Luftsprung machen, oder so ...?" Sie schüttelte den Kopf. „Nein, mein Lieber, so einfach geht das nicht. Du wirst doch nicht ernsthaft von mir erwarten, dass ich jetzt so tue, als wär nichts gewesen?", platzte es aus Silvie heraus.
„Und ... und was schlägst du vor?", fragte ihr Mann nervös.
„Ich weiß es nicht ... ich weiß es wirklich nicht. Lass mich erst einmal rausfinden, wie es künftig mit uns weitergehen soll. Vielleicht nehme ich mir erst einmal eine Auszeit und fahre irgendwohin. Danach sehen wir weiter", meinte Silvie mit leiser, aber bestimmter Stimme. „Vielleicht ergibt sich dadurch auch für uns beide Zeit, in Ruhe nachzudenken, wie es mit uns weitergehen soll." Seufzend dachte sie bei sich: *Wenn du dich ändern könntest, wenn du es nur ernsthaft versuchen würdest ...*

Sie sind ein Ehepaar geblieben. Silvies Mann hatte versucht, ihr klar zu machen, dass ihre Beziehung vielleicht doch noch eine Chance verdient hätte.
Insgeheim aber schwor sich Silvie, dass sie es nie mehr zulassen würde, dass er auf ihren Gefühlen herumtrampelt. Nie mehr zulassen würde, dass er sie auf irgendeine Art beleidigt.
Die Vergangenheit lehrte sie auch: Wenn das Vertrauen einmal weg ist, dann wird es schwierig ... Trotzdem klammerte sie

sich an dem Ziel fest, dass vielleicht doch noch irgendwann alles gut werden würde. Zurzeit wollte Silvie nur abwarten, was die Zukunft bringt.

Irgendwann in den nächsten Wochen machte sie dann spaßeshalber einmal die Bemerkung, dass wegen einem einmaligen Tragen der Wäsche das ständige Hemdenbügeln mitunter ganz schön nervtötend ist. Das hätte sie besser nicht tun sollen, denn daraufhin bekam sie eine Antwort, auf die sie gut und gerne verzichten hätte können.

Die Stimme von Silvies Mann war sehr laut und heftig, als er fast schrie:

„Was bildest du dir eigentlich ein? Es ist deine verdammte Pflicht, das für mich zu tun." Er stockte eine Weile, sah sie an und murmelte leise: „Da hätte ich eh nicht heiraten brauchen."

Einen Moment lang war Silvie wie gelähmt und sie spielte mit dem Gedanken, ihn erneut einen egoistischen Mistkerl zu nennen. Sie wollte es einfach nicht wahrhaben, dass ihr Mann das von sich gegeben hat, ausgerechnet das! Leicht hingeworfene Worte, doch wie grausam war es für eine Ehefrau, eine derartige Aussage nach so vielen Ehejahren hinnehmen zu müssen! Vieles hatte sie sich im Laufe ihres Lebens bieten lassen, aber diese Worte verletzten sie jetzt mehr, als dass sie sie verärgerten. Silvie konnte einfach nicht aufhören, die Szene vor ihrem inneren Auge Revue passieren zu lassen. Es war nicht so sehr, was ihr Mann gesagt hatte, als vielmehr die Art und Weise, wie er es gesagt hatte.

„Du scheinst ein wenig größenwahnsinnig zu sein. Du solltest wirklich vorsichtiger sein mit dem, was du sagst, ansonsten bist du schneller dort, wo du wahrscheinlich schon längst einmal hingehörst", entgegnete Silvie wütend.

Trotzdem hatte sie dieses beleidigende Geschwafel, das – wie ihr schien – unüberlegt aus seinem Mund quoll, nicht ganz ernst genommen, sondern seiner kürzlich erfahrenen Niederlage zugeschrieben.

Silvie stand da und wunderte sich, dass sie nicht weinen konnte. Aber der Schmerz saß zu tief. Er war umhüllt von Hass, Unehrlichkeit und Wut, und der Erkenntnis, dass ihr Mann erneut in sein altes Verhaltensmuster zurückgekehrt war. In den folgenden Wochen war ihr dann irgendwann klargeworden, dass ihr Leben, so wie es war, keinesfalls weitergehen konnte. Sie wollte diese Farce einer Ehe nicht länger aufrechthalten.

Es gab zurzeit nur eine Möglichkeit und die hieß Trennung. Aber ihr Mann war an einer Trennung nicht interessiert. Wahrscheinlich hatte er sich die Vor- und Nachteile genau durch den Kopf gehen lassen.

Nächtelang lag Silvie wach und grübelte, wie sie die derzeitige schwierige Situation ihren Mädels beibringen könnte.

Am stärksten zugesetzt hat ihr aber dann die Reaktion ihrer Älteren.

Karo hatte Silvie als „egoistisch und psychisch labil" beschimpft und sie als schlechte Mutter hingestellt.

„Wenn du eine richtige Mutter wärst, dann wäre dir das Wohl deiner Kinder wichtiger als die Probleme, an denen du wahrscheinlich auch nicht ganz unschuldig zu sein scheinst."

„Danke", sagte Silvie emotionslos zu ihrer Tochter. „Solche Worte haben mir jetzt noch gefehlt."

„Bist du jetzt etwa beleidigt? Es ist doch nur vernünftig, sich mit Dingen abzufinden, die man sowieso nicht ändern kann", meinte Karo.

„Ich kann das sehr wohl", sagte Silvie.

„Willst du dich etwa trennen? Was hättest du schon davon? Du bist schließlich nicht mehr die Jüngste", erklärte Karo.

Nach diesen ehrlich grausamen Worten blieb Silvie genaugenommen kaum eine andere Wahl, als sich wieder zu fügen, wieder eine gute Ehe zu demonstrieren, die in Wirklichkeit längst keine mehr war. Eine Ehe, in der es kein Miteinander, sondern nur noch ein Nebeneinander gab.

Eines Tages wurden Silvie und ihr Mann von einem ehemaligen Kollegen ihres Mannes, Max, in sein kleines, gut besuchtes Bistro am Stadtrand eingeladen.

Ein Instinkt sagte ihr zunächst, dass es besser wäre, an dieser Einladung nicht teilzunehmen. Silvie wollte unter allen Umständen den wahren Sachverhalt ihrer Ehekrise, so gut es ging, verbergen.

Sie fragte sich ernsthaft, ob sie an dieser peinlichen Komödie teilnehmen wollte. Silvie hasste es nämlich, aus Höflichkeit Dinge tun oder zu sagen, die nicht der Realität entsprachen.

Gleichzeitig war ihr aber klar, dass ihr ein wenig Abwechslung zurzeit ganz gut tun würde.

Max' Alter ließ sich vorerst nicht richtig einschätzen. Irgendwo so um die vierzig. Er war groß, hatte brünettes, leicht angegrautes Haar und veilchenblaue Augen. Der Gute war von beeindruckender Statur, ganz so, wie die eines amerikanischen Filmschauspielers.

Die geistreiche, unterhaltsame Art ihres Gastgebers ließ Silvie dann doch ihre Sorgen ein wenig vergessen.

Er schaffte eine Atmosphäre, in der man sich auf Anhieb wohlfühlte. *Ein richtig perfekter Musterehemann,* dachte Silvie bei sich, und beneidete insgeheim seine Frau.

Als Max die beiden später bekannt machte, war Silvie zunächst etwas verwirrt.

Auf Anhieb schien sie ja recht nett zu sein. Trotzdem konnte Silvie absolut nicht begreifen, wieso so ein großer, gutaussehender Mann mit so einer kleinen, etwas unscheinbar aussehenden Frau verheiratet war. Dann aber, nachdem sie ein paar Worte miteinander gewechselt hatten, wurde ihr rasch klar, dass Trude, so ihr Name, eine erstaunlich tatkräftige Person mit einem ausgeprägten, wachen Geschäftssinn war, der ihr allerdings sehr wenig Zeit für ein perfektes Familienleben ließ.

Trude bemühte sich während der Anwesenheit von Silvie und ihrem Mann rührend um deren leibliches Wohl. Als sie mit dem Essen fertig waren, sagte Trude spontan:

„Jetzt lassen wir das blöde *Sie* weg und trinken auf *du* … wenn's recht ist?"

„Vielen Dank für die Einladung", sagte Silvie. „Ich finde, wir sollten öfter gemeinsam etwas unternehmen. Es tut ganz gut, ein bisschen Ablenkung zu haben", sagte Silvie bei der Verabschiedung.

In der Folge entwickelte sich zwischen ihrer und Trudes Familie eine Freundschaft, die Silvie nicht mehr missen wollte.

„**Es tut gut, wenn man Freunde hat, mit denen man reden kann ... wenn man will ... aber nicht muss, wenn man nicht will.**" Diesen Satz hatte Silvie einmal irgendwo gelesen! Wie wahr!

Als mehr oder weniger isolierte Hausfrau suchte Silvie begreiflicherweise künftig die Nähe der beiden. Allerdings musste sie sich eingestehen, dass sie sich seit der ersten Begegnung zu Max auf unerklärliche Weise am meisten hingezogen fühlte. Vor allem, was die Interessen an diversem Weltgeschehen anbelangte, da schwammen sie ganz einfach auf der gleichen Wellenlänge. Nach und nach hat sie seine Gelassenheit und seine Wärme als ungemein wohltuend empfunden und je mehr sie darüber nachdachte, desto mehr Gemeinsamkeiten entdeckte Silvie zwischen ihr und Max.

Ihr war, als wäre ihr zum ersten Mal nach vielen Jahren ein Mensch begegnet, mit dem sie über Gott und die Welt reden konnte. In dessen Gegenwart sie sich sofort wohlfühlte, der ihr zuhörte und mit dem sie auf unerklärliche Weise eine Seelenverwandtschaft spürte.

Max und Silvie begannen ihre Freundschaft mehr und mehr zu schätzen. Ihre Gemeinsamkeiten, seine Umsichtigkeit und Aufmerksamkeit ihr gegenüber, das alles hatte sie ungemein genossen.

Allerdings hat sie dann irgendwann festgestellt, dass der Gute mehr als eine platonische Freundschaft anstrebte. Silvie wurde einfach das Gefühl nicht los, dass Max nicht nur versuchte, ihre Sympathie für ihn zu erkunden, sondern sogar sich ihr zu nähern. Diese eigenartigen Umarmungen bei diversen Begrüßungen ... diese eigenartigen Blicke. Silvie war stets etwas irritiert. *Ach was, das bilde ich mir nur ein,* dachte sie bei sich und versuchte vorerst, nicht weiter darüber nachzugrübeln.

Bald danach wurde ihr allerdings schnell klar, woran sein merkwürdiges Verhalten lag. Er wusste von der Affäre ihres Mannes mit Roswitha Schneider und sah sie als verfügbar an.

Wie Silvie später erfuhr, war Roswitha Schneider, bevor sie sie kennenlernte, was ein Verhältnis mit verheirateten Männern betraf, längst kein unbeschriebenes Blatt mehr.

Daraufhin bemühte sich Silvie, Max verständlich zu machen, dass sie an einer Affäre nicht interessiert war; schon gar nicht mit einem verheirateten Mann. Aber Max ließ nicht locker.

„Weißt du eigentlich, Silvie, dass du etwas ganz Besonderes bist? Es geht mich eigentlich nichts an", fuhr er fort, „aber darf ich dich was fragen?"

Silvie schaute Max überrascht an.

„Du musst auch nicht antworten", sagte Max, als er ihr Zögern bemerkte.

„Na los, frag schon", meinte Silvie, neugierig geworden.

„Bist du eigentlich glücklich? Ich meine, so richtig glücklich?" Max warf ihr einen erwartungsvollen Blick zu.

Silvie hatte sich ja schnell daran gewöhnt, dass Max sehr direkt war, und so überraschte sie seine Frage nicht sonderlich.

Nachdenklich sagte sie: „Schwer zu sagen." Nicht, dass sie sich diese Frage nicht schon selbst oft gestellt hätte. Die eigentliche Antwort kannte sie aber längst, wenn sie ehrlich zu sich war.

„Eine Frau wie dich würde ich nie verletzen! Dein Mann kann sich glücklich schätzen, so eine tolerante Partnerin zu haben. Du darfst nicht zulassen, dass sich etwaige Missstände negativ auf dein Leben auswirken, Silvie. Ich sehe dir doch an, dass du nicht wunschlos glücklich bist … oder irre ich mich?" Max sah Silvie fragend an. Er versuchte Silvie mit sämtlichen Argumenten zu überzeugen. Tief in ihr wusste Silvie aber, dass Max mit all seinen Argumenten Recht hatte.

„Na ja, da ist schon etwas Wahres dran … aber woher willst du wissen, ob ich etwas Besonderes bin? Das bin ich nämlich ganz und gar nicht!

Auch ich habe meine negativen Seiten", entgegnete Silvie dann lächelnd.

„Wenn es zum Beispiel darum geht, dass eine Person mir gegenüber entgegenkommender erscheinen möchte als sie es in Wirklichkeit meint, bin ich schnell die Unnahbare und versuche, von diesen Personen Abstand zu halten, denn ich will nicht mit deren Vortäuschungen belastet werden. Damit will ich nicht sagen, dass ich arrogant oder zickig bin, aber ich lasse mich nun mal nicht gerne für blöd verkaufen." Verglichen mit anderen Frauen ihres Alters wusste sie zwar nicht allzu viel vom Leben. Aber auf ihre Menschenkenntnis, auf die war sie immer stolz.

Plötzlich musste Silvie grinsen.

Sie räusperte sich verlegen. Komisch, mehr als dreißig Jahre hatte sie werden müssen, bis ihr einmal jemand sagte, dass sie etwas Besonderes war.

Daraufhin war sie fest entschlossen, sich selbst, ihrer Familie und auch Max zu beweisen, dass sie mehr konnte, als nur eine langweilige Hausfrau und fürsorgliche Mutter zu sein.

„Es fällt mir zurzeit nur so verdammt schwer, meine Familie zusammen zu halten", sagte sie seufzend.

„Ich werde momentan von so vielen Verantwortungen erdrückt, die ich jetzt versuchen muss, alleine zu bewältigen!

Ich hab ja seinerzeit sehr jung geheiratet; war gerade einmal einundzwanzig Jahre. Eine richtig abgeschlossene Berufsausbildung habe ich auch keine.

Ich arbeitete nur einige Jahre als angelernte Sprechstundenhilfe bei einem Zahnarzt, wo ich allerdings bei den Patienten sehr beliebt war. Mehr als ein Jahr nach meiner Heirat kam meine ältere Tochter Karo auf die Welt.

Mein Mann wollte damals, dass ich zu Hause bleibe und mich um Kind und Haushalt kümmere. Durch den Umzug in ein Hochhaus am Stadtrand, in dem wir damals wohnten, hatte sich meine Isolation dann äußerst zugespitzt.

Ohne fahrbaren Untersatz kam ich sowieso nirgendwohin. Eine richtig gute Freundin hatte ich leider die ganzen Jahre auch nicht. Und die, die jetzt eine wär, reist als Fotomodell in der Weltgeschichte herum.

Aber ich gönne ihr den Erfolg, denn sie hatte eine ziemlich schwierige Vergangenheit!"

Nach einer Weile und einem Schluck Orangensaft fuhr sie fort: „Bisher war ich immer ausgeglichen und nahm nichts besonders tragisch und bin auch mit etwaigen Schwierigkeiten locker fertig geworden. Jetzt fühle ich mich auf einmal nur noch ausgelaugt und hilflos.

Meine Gelassenheit schwindet von Tag zu Tag", seufzte Silvie und war den Tränen nahe.

Bis zu diesem Augenblick hatte ihr Max schweigend zugehört, dann schüttelte er den Kopf und fuhr sagte:

„Wie kannst du mit dieser belastenden Situation nur alleine fertig werden? Meiner Meinung nach solltest du dich besser durchsetzen! Bist du sicher, dass dein Mann zu dir stehen würde, wenn du Schwierigkeiten hättest ... wenn du krank werden würdest?"

Silvie atmete tief durch und sagte nachdenklich: „Eine wirklich sinnvolle Frage." Sie sah Max schweigend an und meinte nach einer Weile:

„Du bist unglaublich, deine Anteilnahme ist rührend, aber trotzdem ist es momentan nicht möglich, eine richtige Entscheidung zu treffen.

Ich muss mir jetzt erst selber darüber klar werden, wie ich die Zukunft mit Rücksicht auf meine Töchter gestalten möchte. Tatsache ist, dass ich im Moment, wie du richtig sagst, nicht wunschlos glücklich bin", seufzte Silvie.

Oft sah Silvie im Fernsehen Frauen, die über ihre schwierige Ehe weinten. Auch sie hat während ihrer eigenen langjährigen Beziehung schon oft mit dem Gedanken gespielt, einfach zu gehen und ihr Leben alleine mit ihren Kindern auf die Reihe zu bringen. Doch dann fragte sie sich, wo sie denn hingehen sollte. Heim zu ihrer Mutter, mit deren unbeirrbaren An- und Einsichten, konnte und wollte sie nicht.

Da Silvie wie gesagt weder einen richtigen Beruf noch irgendwelche Einkünfte hatte, und ihre Kinder auf keinen Fall zurücklassen wollte, grübelte sie nicht weiter und harrte der Dinge, die da kommen würden. Konflikte ... war sie überzeugt, die gibt's bestimmt in jeder Beziehung mal.

Aber was ist, wenn Max tatsächlich Recht hat?

Bedenken über Bedenken nisteten sich bei Silvie ein. Ohne sich dessen bewusst zu sein, welch gefährlichen Boden sie betrat, beschloss sie, in den nächsten Tagen einmal in Ruhe zu überlegen, was sie tun sollte.

„Eines weiß ich aber zweifelsohne, dass ich mich schon lange nicht so wohl gefühlt hab wie zurzeit mit Max." In keiner in Silvies Erinnerungen an ihre Ehe fand sie dieses totale Verstehen, diese echte Anteilnahme an Problemen wieder. Im Gegenteil. Bisher war sie für die Probleme ihrer Familie meistens der ständig anwesende Blitzableiter.

Aber *da* waren Bindungen, Gewohnheiten, eine gemeinsame Vergangenheit, eine Verpflichtung und, was für Silvie immer ganz wichtig war und immer sein würde, das Wohl ihrer Kinder.

Ein paar Tage danach kam Max mit einem Korb voll frisch geernteter Äpfel vorbei. Silvie stellte das Obst in der Küche ab, schnappte sich einen Apfel aus dem vollgefüllten Obstkorb, biss genüsslich hinein und bot Max mit vollem Mund im geschmackvoll eingerichteten Wohnzimmer Platz und ein Glas Orangensaft an. Dann setzte sie sich seufzend zu ihm auf das Sofa und erzählte von der Auseinandersetzung mit ihrem Mann:

„Ich bin dermaßen enttäuscht und verletzt. Auch wegen der Rücksichtslosigkeit, mit der er mit seinen Eskapaden unser aller Leben durcheinander gebracht hat. Zurzeit fühle ich mich so wehr- und hilflos. Wahrscheinlich braucht es jetzt einfach eine gewisse Zeit, um mich an diese veränderte Situation zu gewöhnen", ergänzte Silvie traurig gestimmt.

Max nickte: „Das sehe ich auch so! Hast du denn nicht manchmal, im tiefsten Inneren, Sehnsucht nach mehr?"

Das war eine durchaus berechtigte Frage.

„Natürlich, damit hast du schon Recht", gab Silvie zu. „Das will ich auch gar nicht leugnen. Jeder Mensch sehnt sich hin und wieder nach Zuneigung und Geborgenheit", seufzte sie.

Seltsam, wie verschieden die beiden Männer sind, dachte Silvie nachdenklich.

„Wenn ich recht überlege, hab ich mich seit ewigen Zeiten nicht so … so unbeschwert gefühlt wie in letzter Zeit. Eine

Partnerschaft, die auf Lügen aufgebaut ist, taugt meiner Meinung nach nicht viel."

Max meinte daraufhin stirnrunzelnd: „Das alles tut mir unendlich leid für dich, Silvie."

Die beiden kamen im Laufe ihrer Unterhaltung auch auf das Heute und Gestern zu sprechen.

Nachdem Max eine Weile in die Luft gestarrt hatte, wollte er wissen:

„Was ist dein Mann eigentlich für ein Mensch? Es ist schon ziemlich lange her, seit ich zuletzt mit ihm zu tun hatte."

„Das ist aber eine seltsame Frage", entgegnete Silvie. Sie überlegte kurz, weil ihr noch nie jemand diese Frage gestellt hatte.

Sie zuckte mit den Schultern und sagte dann:

„Na ja, sein ganzes Tun und Bestreben nach beruflichem Aufstieg geht ihm über alles. Er ist ja wirklich gut in dem, was er tut", fügte sie hinzu. Silvie atmete tief durch und fuhr dann fort:

„In der ersten Zeit unserer Ehe, da zählte ich noch, da gab es noch ein harmonisches Miteinander. Wir hatten die gleichen Interessen und waren immer füreinander da. Wenn es das Wetter zuließ, unternahmen wir an den Wochenenden meistens mit Karo Ausflüge, mal da hin, mal dort hin. Es war damals einfach eine wunderschöne, unbeschwerte Zeit.

Da ich immer zwei Kinder wollte, setzte ich nach einer Weile die Pille ab und wurde prompt danach schwanger.

Elsa, die eigentlich ein Bub hätte werden sollen, wurde wie Karo mittels Kaiserschnitt auf die Welt geholt. Meine Schwiegermutter war ziemlich enttäuscht.

Sie war so ein niedliches Baby, ein richtiger Wonneproppen, der sich zum Sonnenschein von Familie und Freunden entwickelte. Meine Freude hätte größer nicht sein können.

Damals ... ja, damals, da war die Welt noch völlig in Ordnung. Leider gehen Plan und Realität manchmal ziemlich auseinander."

Seufzend fuhr Silvie fort:

„Heute? Wenn ich recht überleg, bin ich schon längst nichts weiter als eine selbstverständliche und bequeme Gewohnheit, die immer da ist, wenn sie gebraucht wird. Ich bin in einem unheimlich schleichenden Prozess die Frau von … geworden. Ehrlich gesagt ist es auch schon eine Ewigkeit her, seit wir ein richtiges Gespräch miteinander geführt haben.

Mein Mann hat sich leider im Laufe der Zeit zu einem rechthaberischen Wesen verändert, das mir gegenüber einen Mangel an Einfühlungsvermögen zeigt, selbst aber ein übersteigertes Selbstwertgefühl an den Tag legt und immer überall im Mittelpunkt stehen will, in den Augen anderer aber immer freundlich und nett ist. Wenn ihm etwas gegen den Strich geht, jemand seine Meinung nicht teilt, dann kann er schon mal etwas ungemütlich werden. Er liebt es, anderen Menschen seinen Willen aufzuzwingen.

Wenn er kein so ein erfolgreicher Geschäftsmann wäre, gäbe er wahrscheinlich einen äußerst begabten Schauspieler ab", erklärte Silvie mit bitterer Miene.

„Als mir dann eines Tages aufging, dass wir keinerlei Gemeinsamkeiten mehr haben, war es längst zu spät.

Heute frage ich mich manchmal, ob er mich jemals wirklich geliebt hat", fuhr Silvie seufzend fort.

„Wie gesagt, ich war einundzwanzig und er fünfundzwanzig. Aus heutiger Sicht war er viel zu jung und ich auch zu jung und zu naiv."

Nachdem Max Silvie ohne Unterbrechung zugehört hatte, ergriff er liebevoll ihre Hand und sagte:

„Ich an deiner Stelle würde mir so manches nicht gefallen lassen. Wie konntest du es nur mit so einem Menschen schon so viele Jahre aushalten?"

Obwohl das alles sehr plausibel klang, wehrte sich Silvie dagegen, innerlich von Max' gewinnenden Worten überrannt zu werden. Um etwaigen Missverständnissen vorzubeugen, sagte sie mit leiser Stimme:

„Lass mal gut sein, Max, du musst der Wahrheit ins Gesicht schauen. Ich verstehe ja ganz gut, dass du …", Silvie zögerte einen Moment, „dass du es gut mit mir meinst, und ich möchte dich auf keinen Fall verletzen, aber lass uns doch die Dinge einmal nüchtern betrachten: Du bist schon lange verheiratet, hast zwei nette Mädels im Teenageralter, ich bin gebunden, hab zwei Kinder, die mir alles bedeuten … So was wirft man nicht einfach weg!

Zugegeben, ich fühl mich zu dir genau so hingezogen, wie du zu mir, aber ich werde deswegen niemals deiner Frau wehtun, niemals eine Familie zerstören."

Mit überzeugter Stimme fuhr sie fort:

„Man kann sein Glück nicht auf dem Unglück anderer Menschen aufbauen! Das würde doch alles nur total verkomplizieren!"

Daraufhin sah Max Silvie nachdenklich, fast ein wenig verstört an. Plötzlich stand er auf und blieb eine Weile unschlüssig stehen. Dann kramte er seine Autoschlüssel aus seiner Hosentasche hervor und ging schwankend zur Tür, wandte sich um, holte tief Luft und sagte:

„Wenn das dein letztes Wort ist, Silvie, dann hoffe ich für dich, dass dir dein Vorsatz eines Tages nicht einmal leid tut. Irgendwann gehen die Kinder von daheim weg, leben ihr eigenes Leben und was ist dann …? Hast du dir darüber schon einmal Gedanken gemacht?"

Als ob ich das nicht selbst wüsste, dachte Silvie bei sich. „Es tut mir ja jetzt schon leid, aber ich kann nun mal nicht anders."

Dennoch spürte sie, dass zwischen ihnen etwas wuchs, das keinesfalls sein durfte. Doch tief im Inneren wusste sie, dass es dafür eh längst zu spät war. Sie hatte sich bereits in Max verliebt und litt jetzt wie ein verwundetes Tier. Diese Traurigkeit in seinem Blick, als sie ihn zurückgewiesen hatte, würde ihr für den Rest ihres Lebens in Erinnerung bleiben.

Sie stieß einen unüberhörbaren Seufzer aus und konnte das Zittern ihrer Stimme kaum unterdrücken, als sie murmelte:

„Du glaubst doch nicht ernsthaft, dass das das Leben ist, das ich führen will?"

Im gleichen Moment schoss ihr ein Satz durch den Kopf, den sie irgendwann einmal gehört hatte und an den sie in der nächsten Zeit noch sehr, sehr oft denken würde.

„So viele Züge geh'n wer weiß wo hin, und mancher sitzt sein Leben lang im falschen drin …"

Silvie fühlte sich trotzdem geschmeichelt, in ihren doch nicht mehr so jungen Jahren so begehrt zu werden.

Nachdem die Tür hinter Max zugefallen war, saß sie eine Zeitlang da und grübelte vor sich hin. Sie suchte fieberhaft nach Anzeichen, die ihr ihre Entscheidung bestätigten.

Spätestens in diesem Moment begriff sie, was ihre Worte eigentlich bedeutet hatten.

Nach langer Zeit stiegen ihr Tränen in die Augen. Sie versuchte sie zurückzudrängen, aber sie liefen ihr bereits übers Gesicht.

Silvie konnte nicht leugnen, dass sie trotz all der Skrupel, die sie hatte, nicht doch den prickelnden Reiz einer Revanche für das schäbige Verhalten ihres Mannes ihr gegenüber verspürte.

Wie auch immer. Resigniert beschloss Silvie, bei Gelegenheit ernsthaft darüber nachzudenken.

Zurzeit drückte sie die Einsamkeit und ein Gefühl einer inneren Leere zu Boden.

Einen Tag später läutete um halb acht morgens das Telefon. Am anderen Ende der Leitung war Trude, die Ehefrau von Max.

Silvie war erstaunt, so zeitig am Morgen von ihr angerufen zu werden. Trudes Stimme klang ziemlich entnervt:

„Max ist vor einer viertel Stunde mit Herzbeschwerden ins Krankenhaus eingeliefert worden. Hast du vielleicht eine Ahnung, was da die Ursache dafür sein könnte? Ich begreife das nämlich nicht. Er hatte doch in der Vergangenheit noch nie irgendwelche Probleme mit dem Herzen."

Silvie war einige Sekunden lang nicht in der Lage zu antworten. „Nein, wieso?", sagte sie dann, um im nächsten Moment verunsichert zurückzufragen: „Wieso fragst du das ausgerechnet mich?" Silvie war ausgesprochen froh, dass Trude ihren schuldbewussten Gesichtsausdruck nicht sehen konnte.

Aber irgendetwas an der Art, wie Trude das sagte, machte Silvie stutzig. Sie wurde das Gefühl nicht los, dass Trude längst ahnte, dass zwischen Max und ihr etwas vorging, aber sie fand keine Bestätigung für ihren Verdacht.

Kennt sie die Wahrheit oder kennt sie sie nicht?, grübelte Silvie.

Schlagartig spürte Silvie, wie sich auf einmal ihr schlechtes Gewissen regte. Es war ihr klar, dass diese plötzlich aufgetretene Unpässlichkeit von Max mit dem letzten Gespräch zu tun hatte. Einen Moment lang überlegte sie, ob sie Trude den wahren Sachverhalt erklären sollte oder nicht. Letztendlich tat sie es aber dann doch nicht.

Als hätte Trude Silvies inneren Aufruhr erkannt, sagte sie plötzlich mit belegter Stimme:
„Weißt du, Silvie, ich könnt mir ein Leben ohne Max nicht vorstellen." Leise, fast unhörbar, fügte sie hinzu:
„Ich hänge nämlich sehr an ihm", und beendete schnell das Gespräch.
„Wie konnte das nur passieren? Und warum fragt Trude das ausgerechnet mich?", sinnierte Silvie verzweifelt, nachdem sie den Hörer langsam wieder aufgelegt hatte.

Es war sinnlos, darauf eine Antwort zu erwarten. Es war ja niemand da, der ihr eine hätte geben können.

„Ich habe doch keine Schuld und war von Anfang an immer ehrlich." Aber irgendwie hat sich da so eine Art dauerschlechtes Gewissen in ihr eingenistet. Silvie war mit den Nerven am Ende.

Nachdem man Max gründlich untersucht hatte, konnte er einen Tag später die Klinik schon wieder verlassen.

Man legte ihm aber nahe, jeglicher Aufregung aus dem Weg zu gehen. Nachdem Max Silvie davon erzählte, war ihr klar, dass das Beste, was sie tun konnte, war, sich künftig weitgehend aus Max' Leben fernzuhalten.

Aber Silvie konnte sich mit dem Gedanken, sich von einem Menschen, der ihr wichtig war, fernhalten zu müssen, nicht anfreunden.

Silvies Mann hatte den Kontakt zu Max nicht verkraftet. Er hat gespürt, dass sie sich innerlich immer weiter von ihm entfernte, entschieden lockerer geworden war. Statt um sie zu kämpfen erklärte er ihr eines Tages trotzig:
„Nur, dass das klar ist: Du gehörst mir, mir allein." Unbewusst hatte er ihr gegenüber eine Eigentümerhaltung angenommen.

„Was ... was soll denn das schon wieder heißen?", erkundigte sich Silvie genervt. Ihr Mann zögerte eine Weile und fixierte sie dabei mit einem durchdringenden Blick.

„Du weißt verdammt genau, wie das gemeint ist."
Mit Max war die Freundschaft nach einer heftigen Debatte der beiden, die sie verband, äußerst distanziert und wurde kurz danach gänzlich beendet. Der verletzte Stolz von Silvies Ehemann ließ es einfach nicht zu, dass da jemand war, dem seine Frau möglicherweise näher stand als ihm; ihn seinetwegen eventuell sogar verlassen würde.

Vielleicht reagiert er auf Max deswegen so extrem, weil er als Einzelkind zu sehr verhätschelt worden ist?, sinnierte Silvie.

Er konnte es einfach nicht verkraften, dass sich auf einmal nicht mehr alles nur noch um ihn dreht. Aber um eine endgültige Trennung herbeizuführen, hätte es eines viel größeren Mutes bedurft als den von Silvie. Wie sie später erkannte, hatten es die vielen Ehejahre geschafft, sie gefügig zu machen und auch ihr Selbstwertgefühl enorm geschmälert.

Abgesehen davon wusste sie, dass es ihr Mann niemals zulassen würde, die Blamage des Verlassenwerdens auf sich zu nehmen. Er wäre zu allem fähig gewesen, nur um hier nicht als Verlierer hervorzugehen.

Insgeheim fragte sich Silvie oft, wie das einmal enden würde. Noch nie hatte sie sich so verloren gefühlt.

Ein paar Monate später, nachdem Silvies Hausfrauenpflichten vollbracht waren, holte sie sich eines der Fotoalben aus einer Schublade hervor, das voll war mit Schnappschüssen von Urlauben, die sie gemeinsam mit Max, seiner und ihrer Familie in den Bergen oder am Meer verlebt hatten, als sie herumrätselte, was wohl aus Max geworden sein mochte. Seite um Seite setzte sie sich mit der Vergangenheit auseinander. Mit einem traurigen Lächeln blickte sie vor sich hin. Wehmütige Erinnerungen kamen hoch.

Aber sie wollte unbedingt einen klaren Kopf behalten. Also klappte sie das Album wieder zu und beschloss, sich nicht weiter mit abwegigen Gedanken den Kopf zu zerbrechen, was wäre wenn … sondern versuchen würde, ihr Leben in andere Bahnen zu lenken.

Natürlich hätte sie sich weiter ihren Tagträumen hingeben können, doch hatte sie das ihrer Meinung nach lang genug getan. Jetzt fand sie sich damit ab, dass es nicht so ist und nie so sein wird.

„Wenn ich mein Leben nicht mit sinnlosen Sentimentalitäten verplempern will, dann muss ich schleunigst etwas daran ändern. Aber was und wie?", grübelte sie.

Wie lange sie diese Haltung durchstehen konnte, würde sich zeigen.

Seufzend lief Silvie ins Bad und betrachtete sich eingehend im Spiegel. Einen Moment lang presste sie ihre Stirn gegen das kühle Spiegelglas und fragte sich, wie es wohl wäre, wenn sie mit einem anderen Partner ein anderes Leben leben würde.

Aber es war zwecklos, sich nach so vielen Jahren den Kopf darüber zu zerbrechen, und so schob sie den Gedanken wieder beiseite. Dieser Zug war ihrer Meinung nach längst abgefahren.

An Silvies innerer Einsamkeit änderte sich vorläufig nichts. Am liebsten wäre sie in Tränen ausgebrochen.

Aber das ging ja nicht. Sie konnte längst nicht mehr herzlich lachen, und konnte sich nicht mehr über Dinge freuen, über die sie sich eigentlich hätte freuen müssen. Es war, als wäre jedwede Empfindung in ihr erloschen.

In der Folge versuchte sie, ihr Leben nach Kräften möglichst normal weiterzuführen.

Eine Zeitlang waren der Grund für ihre frustrierende Stimmung familiäre Probleme.

Diesmal aber hatte sie sich ihr Elend selbst zuzuschreiben und wie es aussah, musste sie für ihr ungehöriges Tun wahrscheinlich einen hohen Preis bezahlen.

Und prompt klopfte kurze Zeit später das Schicksal bei ihr an und rüttelte ihr weiteres Leben gewaltig durcheinander.

Es war jener verhängnisvolle Tag im Juni, an dem sie an einem sonnigen Sommertag während einer Fahrradtour plötzlich das Gleichgewicht verlor, vom Rad stürzte und im Straßengraben landete. Ihre abgeschürften Hände und beide Knie bluteten stark.

Mühsam krabbelte sie hoch und wischte sich mit dem Handrücken den Dreck vom Gesicht. Danach sammelte sie ihre Habseligkeiten wieder ein und überlegte, was sie jetzt tun sollte.

Dass das alles für sie fatale Folgen hatte, wusste sie zu dem Zeitpunkt noch nicht.

Es grenzte an ein Wunder, dass gerade ein junger Medizinstudent aus ihrer Nachbarschaft auf seinem modernen Drahtesel daher geradelt kam.

„Brauchen Sie Hilfe?", rief er schon von weitem.

Im ersten Moment war Silvie geneigt, „Nein, danke, es geht schon" zu antworten. Doch dann besann sie sich anders.

Sie bat den jungen Mann, sich ihre blutenden Abschürfungen anzuschauen und, wenn nötig, diese auch provisorisch zu versorgen. Als angehender Mediziner war er natürlich bestens mit Notfallmaterial ausgestattet.

„Das schaut aber gar nicht gut aus", meinte der sportliche junge Mann, nachdem er sich die Wunden angeschaut hatte. Er legte Silvie nahe, die Blessuren umgehend ihrem Hausarzt zu zeigen.

„Es kann sich bloß um eine harmlose Angelegenheit handeln. Aber es könnte für Sie auch durchaus gefährlicher werden!", meinte er nachdenklich.

Silvies Mann nahm das später alles nicht besonders tragisch. Seiner Meinung nach hätte sie eben besser aufpassen sollen.

Das ist wieder einmal typisch er. Wenn ihm das passiert wäre, hätte er vermutlich sofort die Rettung gerufen und sich mit Blaulicht ins nächstgelegene Krankenhaus transportieren lassen, dachte sie wütend bei sich.

Dennoch suchte Silvie tags darauf, wie von dem jungen Medizinstudenten geraten, ihren Hausarzt Dr. K. auf und wurde von ihm umgehend ins Spital eingewiesen, wo man sie von Kopf bis Fuß untersuchte.

Silvie konnte sich gar nicht daran erinnern, wann ihr die Fleischbeschau ihrer Person ähnlich peinlich gewesen war.

Nach einer schmerzhaften Tetanusinjektion, einigen blöden neurologischen Untersuchungen samt einer schmerzhaften Lumbalpunktion war sie am Ende ihrer Kräfte.

Diese Prozedur war in ihrer Erinnerung das Schlimmste, was ihr überhaupt je widerfahren war. Silvie fragte sich, was sie noch alles erdulden musste.

„Oh nein, ich glaub das alles nicht! Ich habe das Gefühl in einem schlimmen Albtraum zu sein", stöhnte sie.

Aber noch ließ Silvie die teils unangenehmen Untersuchungen tapfer über sich ergehen.

Sie hätte sich zwar gefreut, noch vor dem Wochenende nach Hause gehen zu können. Dem aber war dann, wie es aussah, leider nicht so.

Man wollte unbedingt ergründen, woher dieser plötzliche Schwindelanfall kam.

Nachdem ihr scheinbar ein längerer stationärer Aufenthalt nicht erspart blieb, bat sie ihren Mann telefonisch, ihr das kürzlich gekaufte Nachthemd, Hausschuhe und nötigste Pflegeutensilien zu bringen.

Am zweiten Tag ihrer Anwesenheit in dem Krankenhaus kam Schwester Angela. Sie war Ende zwanzig und hatte einen ausländischen Akzent. Sie stellte auf Silvies Nachttisch eine längliche Box, die über zahlreiche Einteilungen verfügte und mit den Hinweisen „morgens", „mittags" und „abends" überschrieben war.

„Alles okay?", fragte Schwester Angela mit einem aufmunternden Lächeln im Gesicht, wünschte Silvie weiterhin einen angenehmen Aufenthalt und meinte, bevor sie wieder ging:

„Wenn Sie irgendetwas benötigen ... bitte melden."

Sie sah Silvie an, als erwartete sie einen Kommentar.

„Mach ich," seufzte Silvie daraufhin etwas gequält.

Als Schwester Angela weg war, nahm Silvie die Pillen nacheinander genauer unter die Lupe.

Da sie nicht der Sorte von Patienten angehörte, die jedes beliebige Medikament einnahmen, das man ihnen verordnete, und ihr Gesicht nach der bisherigen Behandlung sowieso schon etwas aufgedunsen aussah, war Schluss mit lustig.

Silvie beschloss, diese – nüchtern betrachtet – nichts bringende Therapie wieder zu beenden. Wie's aussah, war sie für die Götter in Weiß eh nur ein Versuchskaninchen.

Silvie packte der Zorn. „Das darf doch alles nicht wahr sein!" Nachdem sie sich mittlerweile nicht nur körperlich hundeelend, sondern auch psychisch ziemlich angeschlagen fühlte, war ihr Entschluss schnell getroffen.

Sie wollte unbedingt diese Behandlung beenden.

Es war an einem der darauffolgenden Tage, als bei der Visite der behandelnde Oberarzt, einen Assistenten und eine Krankenschwester im Schlepptau, zügig durch das Zimmer lief und hoffte, dass keiner der Patienten Beschwerden zu melden hatte.

Bevor Dr. St. sich mit Gefolge wieder entfernte, bat er Silvie um eine angeblich wichtige Unterredung in sein Allerheiligstes.

„Ich wollte sowieso auch mit Ihnen reden", entfuhr es Silvie im nächsten Moment.

Gleich am nächsten Morgen machte sie sich fuchsteufelswild auf den Weg zu Dr. St.

Dort stellte sie sich vor seinen riesigen, von Büchern umringten Schreibtisch und erklärte ihm, bevor er irgendetwas sagen konnte:

„Da liege ich nun schon mehr als vier Tage in diesem … Krankenhaus, werde von oben bis unten untersucht, durchleuchtet, gepiekst, geröntgt und warte vergeblich auf hinweisende Befunde. Allmählich bin ich am Ende meiner Geduld."

Silvie gab ihm auch noch zu verstehen, dass sie sich nicht länger mit irgendwelchen Chemiebomben vollstopfen lassen wollte.

„Mein Hausarzt versicherte mir, dass ich nach Abschluss von ein paar Untersuchungen wieder nach Hause gehen kann. Natürlich glaubte ich seinen Worten. Aufgrund dessen kamen bei mir auch keine Zweifel auf."

Leise, mehr zu sich, murmelte sie:

„Das scheinen aber, wie's ausschaut, alles nur leere Worte gewesen zu sein."

Silvies Nervenkostüm war des Weiteren nicht mehr sehr stabil.

„Nun regen Sie sich nicht so auf und setzen Sie sich erst einmal neben mich", sagte Dr. St. „Ich mag es nämlich nicht, wenn die Patienten vor mir wie auf einer Anklagebank sitzen."

Silvie stieß einen unüberhörbaren Seufzer aus, und ließ sich auf einem Stuhl neben seinem Schreibtisch nieder.

Sicherlich versuchte man einerseits, mit Hilfe einer medikamentösen Behandlung ihrer plötzlich aufgetretenen Schwindelattacke auf den Grund zu gehen, andererseits ... egal.

Jedenfalls bat sie den Gott in Weiß, sie von der lästigen Behandlung zu befreien, die im Grunde genommen ihrer Ansicht nach ihren Zustand nur noch verschlimmerte.

„In Ordnung, wenn Sie das möchten", entgegnete Dr. St. nachdenklich. „Anhand Ihrer Reaktion habe ich mir so was schon gedacht. Ein paar Kollegen und ich haben Ihre Befunde gedreht und gewendet und wir stehen allesamt vor einem Rätsel!"

Nebenbei gab er ihr noch zu verstehen, dass es sich durchaus auch um eine psychosomatische Angelegenheit handeln könnte.

Diese Umstände kamen eigentlich für Silvie wie gerufen, denn sie wusste, dass ihr Bauchgefühl ihr richtig geraten hatte, die Behandlung abzubrechen.

Der Arzt sah sie ruhig an. Er war zwar nicht begeistert von ihrem Entschluss, hatte aber insgeheim schon damit gerechnet. Er nahm ihre Worte zur Kenntnis und meinte beiläufig:

„Ich kann Sie ja gut verstehen, trotzdem ... ich hätte gerne weitere Untersuchungen gemacht."

Nach einer kurzen Denkpause sagte ihr weißbekittelter Sitznachbar zögernd:

„Ach ja, bevor ichs vergesse, da ist noch etwas ..."

Mit hochgezogenen Augenbrauen und nachdem er auf die vor ihm liegenden Aufzeichnungen einen Blick geworfen hatte, suchte er sichtlich nach passenden Worten.

„Es gibt da noch etwas, das ich unbedingt mit Ihnen klären möchte."

Seine Denkermiene verriet Silvie, dass er noch etwas Besonderes auf dem Herzen hatte.

„Was denn noch?" Silvie, die absolut keine Ahnung hatte, was er noch von ihr wollte, atmete tief durch und hatte Mühe, einen gelassenen Eindruck zu machen.

Sie wurde aber dennoch etwas nervös. Nicht nur, weil sie sich fragte, was sie noch erwartete, sondern weil sie nicht wusste, wie es gesundheitlich bei ihr tatsächlich weitergehen würde. Sie spürte, wie sich ein ungutes Gefühl in ihrem Bauch ausbreitete.

Silvie atmete ein paar Mal tief durch und schüttelte verständnislos den Kopf. „Na, dann lassen Sie mal hören, ich bin ganz Ohr", forderte sie den Weißkittel genervt auf. Daraufhin herrschte für eine Weile unangenehmes Schweigen.

Mit missmutiger Miene hörte sie dann zu, als er anfing, ihr mit belehrender Stimme zu erläutern.

„Nun ja, ich möchte Sie keinesfalls beunruhigen und es hört sich bestimmt schlimmer an als es ist, aber Ihr Blutdruck gefällt mir nicht: Sind Sie öfter erschöpft oder gibt es in Ihrem Leben irgendwelche Dinge, auf die Sie nicht einwirken können und die sich deshalb durch Krankwerden bemerkbar machen?"

Silvie überlegte angestrengt, dann schüttelte sie unwillig den Kopf. „Eigentlich ist da nichts Besonderes, mir geht es soweit ganz gut." Leise, fast nicht hörbar murmelte sie: „Außerdem bin ich hart im Nehmen!", verschwieg aber tunlichst ihre häusliche Situation und die Beziehung zu Max.

Worauf ihr Gegenüber die Stirn hochzog und meinte:

„Jetzt entspannen Sie sich mal. Ich weise Sie doch nur darauf hin, dass *ganz gut* etwas übertrieben sein dürfte.

Ich bin mir da nicht so sicher, dass etwaige Komplikationen spurlos an Ihnen vorübergehen."

Er trat ans Fenster, um seine Ratlosigkeit zu verbergen. Es dauerte eine kleine Ewigkeit, bis er sich nachdenklich wieder umwandte und meinte:

„Es freut mich aber, dass es Ihnen zurzeit verhältnismäßig gut geht, trotzdem sollten wir die Sache im Auge behalten. Und deshalb schreibe ich Ihnen ein paar Medikamente auf."

Nachdem er Silvies Abwehrhaltung wahrgenommen hatte, meinte er lächelnd:

„Keine Angst, das sind alles nur chemiefreie, harmlose Vitamine und Kräutermixturen in Tablettenform." Bevor Silvie etwas dagegen einwenden konnte, murmelte er:
„Ich kann mich nur wiederholen: Passen Sie gut auf die Signale auf, die Ihnen Ihr Körper übermittelt.
Bei dem geringsten Hinweis auf Unregelmäßigkeiten wenden Sie sich bitte umgehend an Ihren Hausarzt. Sie sollten das alles wirklich nicht auf die leichte Schulter nehmen."
Der Weißkittel räusperte sich. „Nun", meinte er dann und blickte nachdenklich vor sich hin. „Ich nehme an, dass jetzt sämtliche Unklarheiten beseitigt sind … gute Frau. Das wär's eigentlich!"
Offenbar hatte er keine Lust mehr, mit Silvie länger zu diskutieren.
„Wenn ich Sie also richtig verstanden habe", sagte Silvie seufzend, „gibt es in meinem Fall keine genaue Diagnose."
„Es tut mir wirklich leid, aber es ist leider so", beendete der Arzt das Gespräch.
Silvie sehnte förmlich die Stunde herbei, in der sie ihre Sachen wieder zusammenpacken durfte, um das Krankenhaus zu verlassen.
Bevor es aber so weit war, bekam sie von Schwester Angela noch jede Menge gute Ratschläge mit auf den Weg.
Insgeheim hatte Silvie zwar schon einen genaueren Befund erwartet, war aber froh, diese paar Quadratmeter Raum, die zuletzt ihr Zuhause gewesen waren, verlassen zu können.
Sie wollte weg. Nichts wie weg von diesem Ort.
Wie es aussah konnte man sowieso außer ein paar Blessuren auf den Knien und einer leichten Gehirnerschütterung nichts Eindeutiges feststellen.
Silvie atmete tief durch und zwang sich, die Dinge so anzunehmen, wie sie nun mal waren.
„Mit etwas Geduld wird das schon wieder!", ermutigte sie sich selbst.
Aber dennoch sinnierte sie nachdenklich: „Was ist, wenn doch irgendetwas nicht stimmt?"

Darüber wollte sie zurzeit nicht weiter nachdenken und gab sich positiven Gedanken hin. Trotzdem schwirrten viele Dinge in Silvies Kopf herum.

Da ihr Mann an dem Tag angeblich wieder einmal zu einem wichtigen Auslandstermin unterwegs war, rief sie ein Taxi, das sie heimbrachte.

Im Krankenhaus lernte Silvie eine Mittvierzigerin kennen, die Ähnliches wie Silvie erlebt hatte.

Zurzeit wurde sie wegen extremer Kopfschmerzen und einer damit verbundenen Depression behandelt.

Silvie befolgte ihren Rat, unbedingt von chemischen Medikamenten die Finger zu lassen. Sie war nämlich der Meinung, die würden – so wie sie die Sache einschätzte – außer einigen nicht gewollten Nebenerscheinungen sowieso nichts bringen. Ihrer Ansicht nach handelte es sich bei Silvie großteils sowieso nur um eine psychische Angelegenheit.

Für diese Äußerung hätte Silvie diese Patientin am liebsten umarmt. Endlich sagte ihr mal jemand offen und ehrlich, was wirklich Sache war; was ihr auch längst ihr Bauchgefühl sagte. Silvies Nerven lagen mittlerweile längst blank von den ständigen Belastungen.

Im Nachhinein war ihr rätselhaft, wie sie das alles geschafft hatte, ohne irgendwann einmal auszurasten. Offenbar schlummerten verborgene Kräfte in ihr. Aber um das zu erkennen, musste sie erst einmal vom Rad fallen.

Zum momentanen Zeitpunkt schien sich Silvie in einer ziemlich engen Sackgasse zu bewegen.

Mittlerweile war sie an einem Punkt angelangt, an dem sie nicht fähig war, mit sich und ihrem Leben allein fertig zu werden.

Ständig machte sie sich Gedanken, wie sie am besten mit dieser komplizierten Situation jetzt umgehen sollte. Silvie konnte auch mit niemandem darüber sprechen und es fiel ihr auch niemand ein, mit dem sie verständnisvoll darüber hätte reden können.

Karo, als totales Papakind, hätte das alles ihrer Meinung nach wahrscheinlich als Strafe für ihr unmögliches Verhalten gesehen. Elsa war für dies alles noch zu jung und unbedarft.

Am glücklichsten wäre Silvie gewesen, wenn sie mit Max mit seinen weisen Ratschlägen über all das hätte diskutieren können. „Ach, Max …"
Aber der hielt sich ihres Wissens im Ausland auf. Wann und ob er jemals wieder in seine Heimat zurückkehren würde, entzog sich ihrer Kenntnis.
So musste Silvie zusehen, wie sie mit all ihren Problemen allein fertig wurde.
Vergiss Max endlich, mahnte sie eine innere Stimme.
Aber genau das gelang Silvie nicht. Dabei hätte sie wissen müssen, dass vieles im Leben anders kommen könnte als man es sich wünschte oder erwartete.
Eines Tages wanderte Silvie durch einen nahegelegenen Park. Mit einem tiefen Seufzer ließ sie sich auf einer der leeren Bänke nieder, und lauschte dem Plätschern eines nahen Bächleins und genoss die Ruhe. Ab und zu schaute sie sehnsüchtig einem am Himmel vorbeiziehenden Flieger hinterher. Erinnerungen tauchten in Silvie auf und sie gab sich alle Mühe, sie zu verdrängen.
„Oh ja", seufzte Silvie. Verträumt schloss sie die Augen und stellte sich vor, neben Max im Flugzeug zu sitzen, mit einem Glas Sekt in der Hand und über dieses und jenes mit ihm zu plaudern. Einmal den ganzen Mist hinter sich lassen.
„Alle Ängste, alle Sorgen … ich wäre gerne mitgeflogen …" sang Reinhard Mey. „Ach ja", seufzte sie …
Wie sie so dahinsinnierte, wurde sie plötzlich vom Räuspern einer Dame um die siebzig aus ihrem Tagtraum gerissen.
„T'schuldigung, ist da noch frei?" Silvie nickte und deutete mit dem Kopf auf den Platz neben ihr.
Die ältere Frau sah dann, genau wie sie, nachdenklich der in den Wolken verschwindenden Maschine nach.
Nachdem sie eine Weile schweigsam nebeneinander gesessen hatten, wendete sie sich plötzlich Silvie zu, griff nach ihrer Hand und fragte behutsam:
„Alles in Ordnung bei Ihnen? Kann ich irgendwie helfen?"
„Was? Ach so, nein danke, es geht schon", sagte Silvie leise und langte ein wenig irritiert nach ihrer Handtasche. Sie

kramte umständlich nach einem Taschentuch und putzte sich die Nase.

„Sind Sie sicher, dass es nicht doch etwas gibt, wobei ich Ihnen helfen kann? Sie wirken etwas … angegriffen. Haben Sie Probleme?", fragte die Dame aufmunternd. „Ich möchte nicht aufdringlich sein, aber …
Übrigens, mein Name ist Baumgartner. Anna Baumgartner. Wissen Sie, ich bin eine pensionierte, erfahrene Lebensberaterin und hatte jahrelang mit Menschen zu tun, die sich in einer scheinbar ausweglosen Situation befanden. Und Sie, Sie scheinen mir auch in einigen Schwierigkeiten zu stecken. Wie gesagt … ich kann wirklich sehr gut zuhören und bin auch immer froh, wenn ich irgendwie behilflich sein kann."

Silvie wusste nicht, woran es gelegen hatte, aber diese ältere, zierliche Dame war ihr auf Anhieb äußerst sympathisch. Vielleicht würde es ihr wirklich gut tun, mit jemandem über ihre Probleme zu plaudern anstatt zu grübeln. Und so erzählte sie ihr von ihrer derzeitigen schwierigen Situation.

Die ältere Dame hörte Silvies Erzählung aufmerksam zu, stellte ab und zu ein paar Zwischenfragen und sagte kurz darauf:

„Das alles tut mir sehr leid. Sie haben ganz schön was mitgemacht in der letzten Zeit. Fahren Sie jetzt doch einfach einmal irgendwohin. Eine Trennung auf Zeit wirkt manches Mal Wunder. Sie werden sehen, ein bisschen Abstand würde Ihnen bestimmt guttun. Denken Sie doch jetzt mal nur an sich!"

Silvie zuckte mit den Schultern. „Wenn Sie meinen …"

„Ja, das war wirklich eine ganz schlimme Zeit für mich", pflichtete sie ihrer Sitznachbarin nach ein paar Denksekunden bei. „Mag sein, dass ich nach etwas Abstand wieder klarer sehen würde, aber es ist nicht so einfach."

„Das glaube ich schon, aber Sie werden sehen: Alles wird wieder gut. Sie müssen nur fest daran glauben", sagte die Fremde leise und überreichte Silvie ein Madonnenbild, ehe sie aufstand.

Frau Baumgartner ging ein paar Schritte und wandte sich dann auf halbem Weg noch mal um.

„Vielleicht sieht man sich gelegentlich wieder. Ich gehe fast täglich in diesem schönen Park spazieren."
„Ja klar, das würde mich auch freuen", sagte Silvie lächelnd.
„Es wird schon alles gut werden", hatte Frau Baumgartner prophezeit, und Silvie war jetzt auch hundertprozentig überzeugt, dass sie damit Recht hatte. Sie war nach anfänglichem Misstrauen für die Hilfe der netten Dame sehr dankbar.

Von Selina kamen des Öfteren Ansichtskarten aus Städten, wo sie gerade zu tun hatte. Einmal schrieb sie, dass sie einen tollen Engländer kennengelernt hat.
Der Gute war an die vierzig, wohlhabend und gute Manieren hatte er auch. Er liebte Selina abgöttisch und wollte sie auf der Stelle heiraten. Der Haken an der Geschichte wäre allerdings gewesen, dass sie ihren Modellvertrag auflösen und lediglich für ihn hätte da sein sollen. Nachdem sie aber in dieser Hinsicht keine guten Erfahrungen gemacht hatte, zog sie die Notbremse und beendete diese Beziehung.

Silvie hätte im Traum nicht daran gedacht, dass sie nochmals irgendetwas je um ihre Selbstbeherrschung bringen könnte, bis zu jenem Abend des achtzehnten Geburtstages ihrer Tochter Karo:
  Silvie war gerade dabei einen abgebrochenen Fingernagel zu bearbeiten, als es an der Tür läutete. Im Glauben, dass Elsa ihren Wohnungsschlüssel vergessen hatte, eilte sie zur Tür und öffnete sie.
  Draußen stand ein bebrillter, ungepflegt aussehender Jüngling mit blonden, strähnigen, langen Haaren, die ihm bis zu den Schultern hingen. Eine enge, grün-weiß gestreifte Röhrenhose und eine verwaschene rote Jeansjacke vervollständigten sein Äußeres.
  Silvie wollte ihren Augen nicht trauen. *Ach du liebe Güte!*, dachte sie und machte ein entsetztes Gesicht.
  Es kostete sie ein paar Sekunden, diesen Anblick zu verdauen.
  „Hallo, ich bin Paul, ein Freund von Karo. Wir sind verabredet, wollen um die Häuser ziehen und anschließend in einer Disco abfeiern. Is sie fertig?"

Das glaube ich jetzt nicht, dachte Silvie. Sie schluckte und suchte nach richtigen Worten, konnte aber auf Anhieb keine finden.

Mit vielem hatte sie gerechnet, aber niemals mit so was.

Es war offensichtlich, dass dieser Paul keine Lust hatte, weiteres von sich zu geben.

„Hallo", stammelte sie nach einer Weile verdutzt und blieb im Türrahmen stehen.

Sie hoffte insgeheim, sich verhört zu haben. *Oder handelt es sich vielleicht gar um einen Irrtum?*, grübelte sie.

Ihr Mann, der gerade heimkam, wollte schmunzelnd wissen, was denn da los war.

Resigniert meinte Silvie: „Darf ich vorstellen? Dieser junge Mann behauptet, ein Freund von Karo zu sein!"

Daraufhin sah sie ihr Mann an, als sei das zwar komisch, aber nicht so schlimm, wie sie es sah.

Er merkte aber sofort an Silvies Gesichtsausdruck, dass Heiterkeit hier zurzeit ganz und gar nicht passend war.

Trotzdem gab er dem jungen Mann die Hand und bat ihn ins Vorzimmer hinein.

Silvie war momentan fassungslos und verstand die Welt nicht mehr. Unvermittelt drehte sie sich um und rannte in die Küche. Sie hatte plötzlich das dringende Bedürfnis, einen Schnaps oder sonst etwas Ähnliches zu sich zu nehmen.

Letztendlich versagte sie sich aber den Wunsch, weil sie die Wirkung von Alkohol bei sich kannte. So nahm sie stattdessen einen Schluck Wasser aus einer Karaffe, die mit Edelsteinen versetzt war und immer parat stand.

Nachdem sie dann mehrmals nach Karo gerufen hatte, kam diese gemächlich aus ihrem Zimmer geschlendert.

Wie Silvie ihre Tochter aber kannte, wusste sie, dass Karo hinter der geschlossenen Tür gelauscht hatte.

Es war ihr anzusehen, dass auch sie von dem Auftritt des jungen Mannes nicht besonders begeistert war.

Folglich lehnte sie sich lässig an die Wand neben dem großen Vorzimmerspiegel, verschränkte die Arme vor der Brust und sah Silvie verlegen an. Offensichtlich war ihr der unmögliche Auftritt des Burschen peinlich und auch dass sie nichts von einer Verabredung mit ihm erwähnt hatte.

Schlagartig kam Karo Silvie wie eine Fremde vor. Im Allgemeinen legte ihre Tochter immer großen Wert auf ihr Äußeres, was jetzt ganz und gar nicht der Fall war.

Karo trug eine enge Jeans und ein nabelkurzes Oberteil mit Puffärmeln, die so über die Arme gezogen wurden, dass die Schultern nackt waren. Diese Teile hatte Silvie noch nie zuvor an ihr gesehen.

Außerdem war ihr Karos Gesichtsbemalung äußerst befremdlich.

Karo war sich des eigenartigen Anblicks, den sie bot, natürlich bewusst, und schaute hilfesuchend zu ihrem Papa.

Der stand da, und sagte ... nichts.

„Ach du liebe Güte! Karo, du willst doch nicht ernsthaft mit diesem Fummel auf die Straße gehen?", erkundigte sich Silvie entsetzt.

Auf einmal überzog eine Röte Karos Gesicht:

„Du weißt doch, dass ich mit Petra", das Mädchen wohnte eine Etage über ihnen, „die Klamotten hin und wieder tausche! Was ist denn daran soo verkehrt?", wollte Karo angriffslustig wissen.

Silvie versuchte die Ärmel des Oberteils hochzuziehen, damit die Schulter nicht mehr so nackt war.

„Nicht!", rief Karo entsetzt und riss die Ärmel gleich wieder runter. „Lass das, das muss so sein."

Karo trug in letzter Zeit auch Jeans, die Silvies Erachtens schlampig oder zerrissen aussahen. Wenn Silvie ihre Tochter darauf ansprach, wurde ihr gesagt, dass das so sein musste, weil man das jetzt so trug.

Silvie seufzte. Plötzlich wurde ihr bewusst, dass sie scheinbar langsam alt wurde und mit der „Coolheit" der heutigen Jugend nicht mehr so richtig mitkam.

Karos Redensart klang zudem richtig zornig. Nicht etwa, weil Silvie sie nach den Klamotten fragte, sondern weil sie es vor dem jungen Mann tat.

Der wurde sichtlich nervös, wandte sich an Karo, und meinte nachdem er einen Blick auf seine bunte Armbanduhr geworfen hatte:

„I will ja nicht drängeln, aber wir sollten jetzt langsam in die Gänge kommen!", lümmelte er ungeniert am Türrahmen.

Silvie fühlte sich momentan ganz unbehaglich.

Karo hatte auch gar nicht gefragt, ob ihre Eltern überhaupt damit einverstanden waren, dass sie mit diesem Paul wegging.

Silvie war aber klar, dass sie nichts, absolut gar nichts dagegen hätte tun können.

Karo war achtzehn und konnte somit tun und lassen, was sie wollte.

Als sich hinter den beiden die Wohnungstür schloss, atmete Silvie erst einmal tief seufzend durch und hoffte insgeheim, dass das alles nur ein böser Traum gewesen war.

Am nächsten Morgen würdigte Karo Silvie keines Blickes und tat so, als wäre ihre Mutter gar nicht anwesend.

Die musterte Karo eine Weile, dann konnte sie sich's nicht verkneifen zu sagen:

„Hör mal zu, mein Fräulein, mit dieser speziellen Art, die du offenbar an den Tag legst, wirst du bei mir nicht weit kommen. Weißt du ...", sagte Silvie nach einer kurzen Denkpause, und versuchte ihre Stimme möglichst nicht zu erhöhen.

„Ich versteh dich ehrlich gesagt nicht. Bist kurz vor einem erfolgreichen Mittelschulabschluss, hast vor, dir im Bankwesen eine gute Stelle zu erarbeiten und dann so was.

Weißt du eigentlich, was du dir mit diesem Kerl eingehandelt hast? Der passt doch gar nicht zu dir. Aber bitte, wenn du unbedingt in dein Unglück rennen willst ..."

Nach einer Weile fragte Silvie mit leiser Stimme:

„Was macht er eigentlich beruflich?"

Wie sie nun erfuhr, hatte Paul eine abgebrochene Mechanikerausbildung hinter sich, war aber zurzeit arbeitslos.

„Auch das noch", murmelte Silvie zu sich und schüttelte den Kopf. Ihr wurde die Angelegenheit immer unheimlicher.

Zudem wurde sie auch richtig sauer, weil ihr Mann da saß, ohne einen Kommentar von sich zu geben.

Für einen Moment war auch Karo sprachlos, dann reagierte sie schnippisch:

„Es ist mein Leben und das lebe ich so, wie ich es will, ob es euch passt oder nicht!"

Endlich verzog Silvies Mann ein wenig das Gesicht, als er das hörte und äußerte sich an Silvie gewandt:

„Jetzt siehst du, was du mit deinem gluckenhaften Verhalten angerichtet hast."

„Naja, du siehst ja, was passiert, wenn genug *Freiraum* da ist", gab Silvie zurück und hatte große Mühe, ruhig zu bleiben.

„Was soll's", erklärte Silvies Mann und verzog das Gesicht zu einem müden Lächeln.

„Je eindringlicher du dagegen redest, umso mehr hängt sie sich auf den Burschen rauf."

Das ergab ausnahmsweise einmal einen logischen Sinn.

Dann warf er Karo einen beschwichtigenden Blick zu und fragte sie sanft:

„Wie kommst du eigentlich dazu, so mit deiner Mutter zu reden?"

Karo zuckte mit den Achseln.

„Na ja, weil es wahr ist. Ständig meckert sie an mir rum, sagt mir, was ich zu tun oder zu lassen habe und genau das will ich nicht." Kaum hörbar fügte sie patzig hinzu: „Das nervt!"

Karo schenkte Silvie einen Blick, der bissiger nicht hätte sein können.

Für Silvies Mann schien die Angelegenheit erledigt gewesen zu sein. Er stand auf, wandte sich um und sagte:

„Ich glaube, wir sollten unsere Diskussion an dieser Stelle beenden. Es bringt sowieso nichts", und verließ den Raum.

Das ist wieder einmal typisch er, dachte Silvie. *Immer, wenn es unangenehm wird, steckt er den Kopf in den Sand und verzieht sich. Versteht er denn gar nicht, dass ich ihn in der momentanen Situation besonders brauchen würde?* Aber ihr war klar, dass ihr Mann schon immer einer war, der Konfrontationen lieber aus dem Weg ging. Es wär zwar seine Aufgabe gewesen, hier energisch einzugreifen, aber dazu war er wahrscheinlich zu feige.

In weiterer Folge trat genau das ein, was Silvie insgeheim befürchtete. Eine dumpfe Ahnung sagte ihr auch, dass ein so begonnenes Streitgespräch nur in einer Katastrophe enden kann.

Und dem war dann auch so.

Ein paar Monate später kam Karo daher und berichtete freudestrahlend, dass sie demnächst mit ihrem Freund in seine kleine Ein-Zimmer-Wohnung einziehen wird.

„Was?", fragte Silvie entsetzt und hoffte insgeheim sich verhört zu haben.

Karo war ja immer eigensinnig gewesen. Bis zu einem Punkt vernünftig und nachgiebig, solange es ihr nicht nervig wurde. In dem Fall wurde sie sofort starrköpfig und war davon überzeugt, dass der Weg, den sie ging, der einzig richtige war.

„Warum schaust mich jetzt so verzweifelt an?", fragte sie Silvie.

Karo grübelte eine Weile vor sich hin, dann sagte sie genervt: „Ich weiß genau, was du jetzt sagen willst. Du glaubst jetzt bestimmt, dass ich einen Witz mach. Da muss ich dich leider enttäuschen. Ein Witz ist das ganz und gar nicht!"

Silvie merkte, dass sich Karo im Moment sichtlich unbehaglich fühlte.

„Um die Wahrheit zu sagen, warum ich nicht früher mit der Sprache rausgerückt bin. Ehrlich gesagt fehlte mir der Mumm dazu, weil ich diese spießige Reaktion geahnt habe!"

Silvie sah ihre Tochter nachdenklich an.

„Aber Karo, was heißt das denn nun schon wieder?", fragte sie entsetzt, nachdem sie sich von der Überraschung halbwegs erholt hatte.

„Bist du wirklich ganz sicher, dass du zu diesem … diesem Paul ziehen willst?", bohrte Silvie weiter. „Jemand mit deinen Fähigkeiten kann doch unmöglich mit so einem Kerl zusammensein wollen!"

Silvie wurde schon bei der Vorstellung ganz schlecht.

Karo aber konnte gar nicht verstehen, wieso da irgendwelche Probleme wären.

„Bitte hör endlich auf mit deinen klugscheißernden Belehrungen. Ich bin kein kleines Kind mehr. Ich weiß schon, was ich tue. Wieso kannst du das nicht endlich einmal begreifen?", fiel Karo Silvie genervt ins Wort.

„Weil ich mir natürlich Sorgen mache", erklärte Silvie ihrer Tochter leise. *Was mache ich bloß falsch, dass sie mich manchmal fast hasserfüllt ansieht?*, fragte sich Silvie resigniert.

Der letzte Julitag fiel in diesem Jahr auf einen Samstag. Silvie hatte am Vorabend eine Bowle angesetzt, mit der ihr Mann, Karo – die mittlerweile die Schule erfolgreich abgeschlossen hatte und seit ein paar Monaten eine Ausbildung bei einer Bank machte – Nesthäkchen Elsa und Paul feiern wollten.

Silvie hatte den ganzen Abend hindurch eine eigenartige Vorahnung, dass im Laufe des Abends noch irgendetwas Unangenehmes auf sie zukommen würde.

Und so war es dann auch.

Aus heiterem Himmel eröffnete Karo ihrer Familie, dass sie Ende April kommenden Jahres Paul heiraten will.

Silvie war momentan sprachlos. Schlagartig verfinsterte sich ihre Miene. Sie war unfähig, irgendwelche Worte zu finden, die für diese Situation passend wären und sagte dann mit belegter Stimme:

„Bis jetzt war es eigentlich ein ganz netter Abend. Aber jetzt, nach dieser Mitteilung ...?"

Silvie starrte ihre Tochter ungläubig an, dann stand sie auf, nahm sich die Cognacflasche vom Servierwagen, kippte Cognac in ein Glas und trank ihn in hastigen Zügen.

Nachdem sie wusste, dass sie von ihrem Mann in dieser Angelegenheit keinerlei Unterstützung erwarten konnte, sagte sie seufzend:

„Nun ja, es ist dein Leben, deine Erfahrungen, die du machen musst ..."

Die Vergangenheit hatte Silvie gelehrt, sich mit Dingen, die absolut nicht zu ändern waren, abzufinden, auch wenn sie nahezu unerträglich waren.

Dann kam Silvies schwärzester Tag im Leben, von dem sie sich lange nicht erholte.

Sie wollte sich gerade auf den Weg zum Supermarkt machen – um für ihre Jüngste, die von einer Camperwoche am

Hochkönig heimkommen sollte, etwas Leckeres zu kochen – und hatte ihren beigen Umhang, den sie immer mitnahm, wenn das Wetter nicht besonders war, schon in der Hand, als das Telefon läutete.

Karo war am Apparat und bat sie mit kaum merklicher Stimme sich zu setzen.

Silvie schwante nichts Gutes und setzte sich auf die neben dem Telefon stehende Truhe.

„Ist was passiert?", fragte sie mit zitternder Stimme. Die Angst schnürte ihr plötzlich die Kehle zu.

Dann versuchte Karo Silvie behutsam beizubringen, dass es einen schrecklichen Unfall gegeben hatte, bei dem ein Bus bei regennasser Straße in einer Kurve ins Schleudern geraten war und sich überschlagen hatte. Es gab mehrere Opfer … sie konnte momentan nicht weitersprechen, dann flüsterte sie … dass unter denen leider auch Elsa war.

„Was?" Silvie hoffte sich verhört zu haben.

„Leider ist es aber so", stammelte Karo.

„Das ist nicht wahr, sag sofort, dass das nicht wahr ist", hauchte Silvie ins Telefon. Sie war mittlerweile aschfahl geworden.

Für einen Augenblick war es still in der Leitung.

Starr vor Panik starrte Silvie den Telefonhörer an, dann legte sie ihn ganz langsam auf die Gabel zurück. Plötzlich stieß sie einen nahezu unmenschlich klingenden Schrei aus:

„Warum … warum … warum geht das Schicksal so grausam mit mir um?"

Silvies Mann, der von Karo ebenfalls telefonisch über die furchtbare Tragödie informiert wurde, kam umgehend von einer Geschäftsreise heim.

Silvie stürzte in der Folge in eine tiefe Depression, wusste nicht, was sie tun sollte, und war planlos in der Wohnung herumgelaufen. Schließlich nahm sie die Cognacflasche vom Servierwagen, schenkte sich ein und leerte das Glas in einem Zug.

In der Folge versuchten Silvies Mann und Karo, so gut es ging, Silvie zu beruhigen.

Nachdem Karo Selina telefonisch nicht erreichen konnte, hatte sie ihr auf der Mailbox mitgeteilt, was passiert war. Die war natürlich auch erschüttert, als sie das abgehört hatte.

Kurz danach meldete sie sich per Telefon bei Karo.

„Gott, was ist denn bei euch Schreckliches los?", waren ihre ersten Worte.

Als ihr Karo dann eingehender berichtete, was eigentlich passiert war, meinte sie:

„Ach du meine Güte! Das ist ja fürchterlich, es tut mir soo leid für Silvie." Mehr zu sich meinte sie:

„Es ist ja schon ein Schock, wenn ein nahestehender Mensch plötzlich stirbt, aber wenn es dann das eigene Kind ist ... einfach furchtbar!

Leider ist es mir zurzeit beruflich nicht möglich, nach Linz zu kommen, wenn ich aber sonst irgendetwas für euch tun kann ...", bot Selina an.

„Das ist ganz lieb von dir, Selina, aber wir kommen schon irgendwie klar!", murmelte Karo.

Dann kam der Tag, an dem Elsa – einen Tag vor ihrem Geburtstag – beerdigt wurde. Keiner der zahlreichen Trauergäste konnte fassen, dass dieses liebenswerte Mädchen tot war.

Silvie war von den vielen Medikamenten derart zugedröhnt, dass die ganze Zeremonie am Friedhof wie ein grauer Schleier an ihr vorüberzog.

In ständiger Erinnerung bleibt ihr aber das *Ave Maria,* das in der voll besetzten Kirche während des Requiems von der Empore der Kirche erklang. Da war sie dann einem Nervenzusammenbruch nahe.

An einem strahlend schönen Frühlingstag wanderte Silvie wie so oft den kiesbestreuten Weg entlang, und stieg dann die paar Stufen hinunter, die zu den Grabreihen führten.

Elsas Grab lag an der untersten Reihe unter einer riesige Linde, dort, wo die Erdgräber endeten und die Urnengräber begannen.

Silvies Seele ging es immer dann besser, wenn sie allein zum Friedhof fuhr und Zwiesprache mit Elsa halten konnte und darüber nachdachte, wie es jetzt ohne sie weitergehen würde. Nachdem sie einen hübschen Blumenstrauß in einer Grabvase platziert hatte, wanderte sie nachdenklich zurück zu ihrem geparkten Auto und fuhr wieder heimwärts.

Die nachfolgende Zeit ging lange Zeit untröstlich an Silvie vorüber.

Die Zeit verging wie im Flug, und der Tag, an dem Karo ihren Paul heiraten wollte, rückte näher.

Silvie, die sich an diesem Tag am liebsten in ein Erdloch verkrochen hätte, war froh, als das ganze Tamtam vorüber war.

Die Vorstellung, jetzt diesen Paul zum Schwiegersohn bekommen zu haben, behagte ihr überhaupt nicht, und sie musste sich an diesen Gedanken erst gewöhnen. Sie fragte sich dauernd, wie lange diese Verbindung gut gehen würde und war auch froh, dass noch keine Kinder in Sicht waren.

Fortan lebten Silvie und ihr Mann, wenn er nicht gerade unterwegs war, ihr Leben in einem täglich eintönig verlaufenden Trott weiter. Ein Tag folgte dem anderen …

Ab und zu gönnte sich Silvie ein paar Tage Urlaub in einem nahe gelegenen Thermenhotel oder sie fuhr mit ihrem Mann an den Wochenenden ab und an einfach nur in ein gutes Landgasthaus zum Essen ins Mühlviertel.

Und wenn nahestehende Menschen starben, dann wurde ihr bewusst, dass das Leben auch für sie einmal auf irgendeine Art und Weise zu Ende gehen würde.

Ein paar Bekannte von ihnen genossen ihr Leben in vollen Zügen, andere wieder waren froh, die restliche Zeit, die ihnen noch blieb, einfach halbwegs sorgenfrei bewältigen zu können.

Und zu den Letzteren zählte sich auch Silvie.

„Ach, Max, ich vermisse dich und wir hätten uns so gut verstanden. Mit dir könnte ich mich sicher wunderbar über dieses und jenes unterhalten und würde mich nicht so verlassen fühlen."
In dem Moment fühlte es sich an wie eine Botschaft an Max.

Mehr als vier Jahre später … es war Freitag kurz vor vier Uhr Nachmittag – Silvie war g'rad dabei das erste Drittel ihrer Einkäufe fürs Wochenende im Einkaufskorb zu verstauen – als ihr plötzlich und völlig unerwartet jemand von hinten auf die Schulter klopfte. Erschrocken drehte sie sich um, als wäre sie bei etwas ertappt worden. Dann konnte sie ihren Augen fast nicht trauen. Für ein paar Sekunden war Silvie sprachlos. „Mein Gott! Max, wo kommst du denn her?", unterdrückte Silvie einen Aufschrei. Sein plötzliches Erscheinen ließ ein Strahlen über ihr Gesicht wandern. Lautlos sandte sie ein Dankesgebet gen Himmel. Sie hatte sich Max in der Vergangenheit schon so oft herbeigesehnt.

„Wo hast du die ganze Zeit gesteckt? Woher weißt du …?" Selten zuvor war Silvie ähnlich überrascht.

„Wie schön, dich so unerwartet zu treffen! Ich dachte, dass du dich längst irgendwo im Ausland herumtreibst", brachte sie schließlich stotternd heraus und strahlte wie ein Kind, das zu Weihnachten seinen Herzenswunsch erfüllt bekommen hat.

Dann geschah alles von selbst. Sie umarmten und begrüßten sich herzlich. Dabei wurde Silvie das Gefühl nicht los, dass sie von den anderen Kunden belächelt wurden. Aber das war ihr völlig egal. Im Moment war Silvie der glücklichste Mensch auf Erden.

„Wie, wie hast du mich eigentlich gefunden?", wollte sie, nachdem sie sich wieder halbwegs gefasst hatte, verwundert wissen.

„Na ja, ich wollt g'rad bei dir vorbeischauen … sah dich in dein Auto steigen … bin hinter dir her … und sah dich im Supermarkt verschwinden. Na, und da bin ich!"

Gemeinsam schlenderten sie zu Silvies geparktem Auto. Sie konnte es immer noch nicht fassen, dass Max tatsächlich da war. „Ich bin so froh, dass du da bist", sagte Silvie und richtete den Blick zum Himmel.

Samt dem Einkaufswagen waren sie beim Auto angelangt und wie selbstverständlich nahm Max ihren Einkaufskorb und stellte ihn bei ihr in den Kofferraum.

„Na du, ist mir die Überraschung gelungen?", wollte Max später schmunzelnd von Silvie wissen.

Dann öffnete er die hintere Wagentür seines Autos, das er neben dem ihrigen geparkt hatte, griff nach einem bunten Blumenstrauß, überreichte ihn ihr und küsste sie auf beide Wangen.

„Das ist der schönste Strauß, den ich jemals bekommen hab, vielen Dank."

„Ich kann es immer noch nicht glauben, dass du tatsächlich da bist", wiederholte sie immer wieder.

Wann hat mir mein Mann zuletzt Blumen geschenkt? Wann hat er …?, dachte sie bei sich.

Max überlegte einen Moment, dann erklärte er Silvie, dass sich seit ihrem letzten Kontakt zueinander eine Menge getan hat.

„Es fällt mir nicht leicht, darüber zu reden … aber was soll's, erfahren wirst du's ja so oder so einmal."

„Erzähl schon, was ist los?", forderte Silvie ihn ungeduldig auf.

Kurz danach versuchte er ihr zu erklären, dass er und Trude schon längere Zeit getrennte Wege gehen.

„Für ein weiteres gemeinsames Leben kamen wir einfach nicht mehr klar", fügte er seufzend hinzu.

„Wie bitte, wieso denn das?" Silvie war ernsthaft fassungslos und wusste im Moment nicht, ob es die Wahrheit oder ein Scherz war, was sie da zu hören bekam.

„Silvie …", seufzte Max. „Dich konnte ich nicht bekommen … da versuchte ich halt, anderswo etwas aufzubauen. Aber selbst, wenn ich dich nicht getroffen hätte, wäre es sowieso auf die Dauer mit Trude nicht gutgegangen. Ich weiß nicht, wie ich es dir erklären soll, aber irgendwann entdeckt man eben, dass es besser ist, wenn jeder seinen eigenen Weg geht."

Seine Ehe war im Prinzip die gleiche wie Silvies. Auch für Trude war ihr geschäftlicher Erfolg immer wichtiger als ein gemeinsames Familienleben und nun lebte Max in Spanien, fern seiner Heimat.

Nach ein paar Denksekunden meinte Max seufzend: „Im Großen und Ganzen geht es mir aber jetzt ganz gut, nur mit der Landessprache habe ich noch Schwierigkeiten."

„Aber lassen wir das", schlug Max dann vor.

„Um deine Frage von vorhin zu beantworten:

Ich bin in Linz, um meine kürzlich verstorbene Mutter zu beerdigen. Danach bleibe ich noch, bis der nötige Papierkram erledigt ist. Anschließend fliege ich wieder zurück nach Barcelona. Ich führe dort gemeinsam mit einem ehemaligen Sportsfreund ein kleines, aber feines Lokal."
Silvie seufzte:
„Das mit deiner Mutter tut mir leid. Ich habe sie zwar nur einmal kurz kennengelernt. Aber soweit ich mich erinnere, war sie eine äußerst warmherzige Frau."
Max nickte. „Ja ... das war sie", erwiderte er traurig.
„Aber sag, wie ist es dir in der Vergangenheit so ergangen?"
Er wollte alles sehr genau von Silvie wissen. Max sah sie eine Weile forschend an, dann sagte er ernst:
„Du schaust gar nicht gut aus, was ist nur aus dir geworden?"
„Na ja, ich schätze, ich hatte in letzter Zeit ein bisserl viel um die Ohren."
Dann erzählte sie ihm von ihrem privaten Dilemma. Und von der Tragödie – von Elsas Tod.
„Im Moment bin ich einfach nur traurig – und ehrlich gesagt auch immer noch wütend auf den Busfahrer. Es kann doch nicht sein, dass der nur mit ein paar Blessuren davongekommen ist. Immerhin sind durch seine Schuld mehrere Leben ausgelöscht worden."
Dann erwähnte sie noch, dass ihre Tochter Karo einen Schmarotzer geheiratet hat, aber Gott sei Dank kinderlos ist.
„Das mit Elsa ist ja schrecklich." Max war sichtlich fassungslos. „Sie war so ein liebenswertes, für ihr Alter verständnisvolles Mädchen ..."
„Ach ja, Elsa", sagte Silvie traurig. „Ich vermisse sie sehr. Es vergeht kein Tag, an dem ich nicht an sie denke."
Max bemerkte, dass Silvie lieber wieder das Thema wechseln würde. Ihm wurde sofort klar, dass es momentan weder die passende Zeit noch der passende Ort war, um über diese für Silvie immer noch schmerzliche Tragödie zu plaudern.
„Na, und Karo ... dazu kennst du ja meine Meinung", ergänzte Max.

Kurz darauf erzählte ihm Silvie in groben Zügen von ihren plötzlich aufgetretenen Gleichgewichtsstörungen und natürlich von ihrem kreativen Vorhaben.

„Mein Traum wäre es ja, ein Buch zu schreiben."
Seufzend fügte Silvie hinzu:
„Ich will mir einfach selbst einmal etwas Gutes tun. Außerdem würde es enormen Spaß machen, und es tät meinem Seelenleben nach dieser trübsinnigen Zeit bestimmt gut. Ich hab so viele Ideen und weiß gar nicht, wo ich anfangen soll.

Aber es ist fraglich, ob ich das allein, ohne Hilfe auf die Reihe bringen würde. Von meiner Familie ist nämlich keinerlei Unterstützung zu erwarten. Die haben für mein Tun absolut kein Verständnis und wollen damit leider auch nichts zu tun haben."

„Na so was. Ich persönlich sehe da kein Problem. Mach dir nichts draus, ich bin sicher, dass du dieses Vorhaben auch allein schaffen würdest, Silvie", meinte Max.

Eine wirksamere Motivationsspritze hätte sie sich gar nicht wünschen können. Silvie war begeistert, dass Max ihr Vorhaben so positiv fand. Erleichtert atmete sie durch.

„Es tut gut, von dir so etwas zu hören und dass du mir das zutraust. Trotzdem, ganz allein, ohne Hilfe ...?", meinte Silvie nochmals nachdenklich.

„Wie auch immer", bemerkte Silvie dann. „Ich werd's versuchen!

Auf jeden Fall möchte ich erst einmal ein Exposé schreiben und mich dann damit an einen Verlag wenden, dann sehe ich weiter", fügte sie leise hinzu.

„Wie gesagt, eine hervorragende Idee", nickte Max aufmunternd. Dann sagte er noch in seiner offenen, einfachen Art, die Silvie immer imponiert hatte:

„Mensch, Silvie, das ist doch gar keine schlechte Idee. Vorausgesetzt natürlich, deine Arbeit überzeugt. Das Zeug dazu hättest du."

Insgeheim stellte Silvie fest, dass eben niemand sie so gut kannte wie Max.

Das Gespräch mit ihm gab Silvie einen erneuten Ansporn. Es tat gut, so einen aufbauenden Zuspruch zu bekommen. Es war wieder einmal ersichtlich, dass Max und sie einfach wie zwei Zahnrädchen waren, die nahtlos ineinander übergriffen. Das zu wissen gab Silvie den Mut, den sie zurzeit dringend brauchte.

Danach plauderten sie über dies und das, bis Max plötzlich mit ernster Miene von Silvie wissen wollte:

„Du erwähntest da was von körperlichen Problemen?" Er ergriff behutsam ihre Hand und sah sie forschend an.

„Du hast dich ziemlich verändert. Du hattest früher immer so viel Glanz in den Augen, so eine Entschlossenheit, die mich faszinierte. Wo ist das alles hin?"

Seufzend winkte Silvie ab:

„Ach was, eine vorübergehende Schwäche hat mich etwas aus der Bahn geworfen." Max hörte Silvie voller Anteilnahme zu und schüttelte während ihrer Schilderung mehrmals den Kopf, dann meinte er:

„Alles gut und schön, aber ... aber wie geht es jetzt weiter? Du bist doch hoffentlich in ärztlicher Behandlung ... oder?"

Ohne ein Wort zu sagen, machte Silvie eine bejahende Kopfbewegung, vermied es aber, Max dabei anzusehen.

Es tat so gut zu wissen, dass sich jemand um sie sorgte.

Plötzlich bemerkte Silvie auf der gegenüber liegenden Straßenseite eine Frau, die ihr heftig zuwinkte. Vorerst konnte sie sich keinen Reim darauf bilden, wer das war.

Die Frau, die jenseits der Straße stand, entpuppte sich aber schnell als jene Zimmernachbarin, die sie seinerzeit im Krankenhaus kennengelernt hatte.

Eine zarte Mittvierzigerin, mit der sie sich schon am ersten Tag länger unterhalten hatte.

Silvie stand da, starrte zu ihr hinüber und kaute nachdenklich auf ihrer Unterlippe. Die Frau sah völlig verändert aus und Silvie hätte sie fast nicht wiedererkannt.

Hoffentlich kommt sie nicht rüber, dachte Silvie, denn sie hatte Max gegenüber von einem Klinikaufenthalt nichts erwähnt.

Dem war dann auch Gott sei Dank so.

Nachdem Silvie zurückgewunken hatte, eilte die Lady weiter in Richtung Bushaltestelle.

Erleichtert atmete Silvie durch und wandte sich wieder Max zu. Der räusperte sich und wusste offensichtlich selbst nicht die richtigen Worte zu finden, um ein insgeheimes Anliegen los zu werden.

„Silvie, darf ich dir eine Frage stellen? Du wirst mich jetzt zwar für verrückt halten, aber einen Versuch ist es allemal wert."

Nach einer viel zu langen Pause wollte er dann endlich wissen: „Wärst du bereit, zu mir nach Spanien zu kommen?" Mit einem angespannten Gesichtsausdruck sah er Silvie an.

„Noch einmal:
Es ist nur so ein Gedanke. Die Entscheidung liegt alleine bei dir. Egal wie sie auch ausfällt, ich werde sie respektieren ... respektieren müssen."

Silvie fühlte sich im Moment etwas überrumpelt, so dass es ihr nicht möglich war, auf die Schnelle irgendetwas zu sagen. Mit vielem hatte sie gerechnet, aber nicht mit dem.

Nachdem sie sich dann von dem Schock halbwegs erholt hatte, schüttelte sie langsam abwehrend den Kopf und sagte mit belegter Stimme:

„Ach, Max, das wäre zu schön, aber ... ich weiß, dass ich mich bald entscheiden muss, wie mein Leben weitergehen soll, aber muss das jetzt und sofort sein?"

Max griff nach ihrer Hand und sagte:
„Dass du und ich einander begegnet sind, ist doch kein Zufall, oder siehst du das nicht so?" Silvie wollte etwas erwidern, entschied sich aber nur für ein kurzes Schulterzucken.

Niemals hätte sie daran gedacht, dass sie sich nochmals für einen anderen Menschen derart interessieren würde.

Wäre sie frei und unabhängig, hätte sie Max' Vorschlag ohne zu zögern angenommen. Aber nun war sie ja weder frei noch unabhängig ...

Noch stand es ihr frei, das Angebot zu ergreifen oder eine andere, weniger gefährliche Richtung einzuschlagen. Silvie seufzte innerlich.

Sie ließ sich mit der Antwort Zeit und überlegte, was sie dazu sagen sollte.

Und das war dann der Punkt, wo die Vernunft in ihr siegte. Im Grunde war ja alles ganz einfach. Tief in ihr wusste Silvie, dass es das einzig Richtige war. Sie muss einfach nur einen Plan aufstellen und sich diszipliniert daran halten. Und an Disziplin mangelte es ihr schließlich schon lange nicht. Das hatte sie ja in den letzten Jahren oft unter Beweis gestellt.

Und genau das tat sie auch jetzt wieder, indem sie es Max erklärte. Zunächst wusste sie zwar nicht, wie sie sich ausdrücken sollte, dann sagte sie frei heraus:

„Ich weiß nicht …, es ist nicht so einfach, wie du dir das vorstellst. Aber ich habe eine Entscheidung getroffen." Sie sagte ihm das mit Wehmut in der Stimme, die alles nur noch schlimmer machte. Ihr fiel dieser Entschluss schwer, viel schwerer als sie es sich eingestand.

„Das klingt ja alles sehr verlockend, keine Frage. Aber versetze dich doch einmal in meine Lage. Wenn ich mit dir nach Spanien gehen würde, hätte das für mich fatale Folgen.

Mein Mann würde das niemals so ohne weiteres zulassen. Außerdem, was meinst du, was Karo mir für Vorhaltungen machen würde?" Silvie wusste, dass Max von ihr nicht besonders gern gesehen wurde. In ihren Augen war er einer, der versuchte, auf unverschämte Art und Weise die Frau seines Freundes zu erobern.

Daraufhin meinte Max mit ärgerlicher Stimme:

„Es ist nicht zu fassen, was die sich einbildet. Ich bin wirklich bereit, eine Menge Schuld auf mich zu nehmen, aber …" Er überlegte einen Moment.

„Frag mich nicht, warum, aber irgendwie habe ich das Gefühl, dass du mit der noch einmal eine Menge Probleme bekommst. Sei mir bitte nicht böse, aber das musste jetzt einfach einmal gesagt werden."

Max sah Silvie an, als müsse da jetzt etwas von ihr kommen. Im ersten Moment machten Silvie diese Worte tatsächlich etwas sprachlos. Doch dann war ihr klar, dass er mit seiner Prophezeiung nicht falsch lag.

„Ich weiß", murmelte sie. Begebenheiten, von denen er nichts wusste, kamen hoch. Begebenheiten, die Silvie manchmal zur Weißglut gebracht hatten und immer noch tun.

Dann sagte sie sich aber, dass Karo eigentlich eine vernünftige – zwar ab und zu eigensinnige – junge Frau war. Irgendwann wird sie aber einsehen, dass sie mit ihren Äußerungen zu weit gegangen ist.

Max sah Silvie daraufhin eine ganze Weile an, als hätte sie etwas Unverzeihliches gesagt. Komischerweise störte Silvie das jetzt nicht weiter. Im Gegenteil, sie verspürte im Moment direkt so etwas wie eine Erleichterung. Max hatte sie etwas gefragt und sie hat ihm, mit Tränen in den Augen, geantwortet.

Irgendwann in den letzten Wochen war ihr nämlich klar geworden, dass ihr Leben so, wie es momentan lief, unmöglich weitergehen konnte.

„Auch wenn es dich enttäuscht, kann ich so auf keinen Fall weiterexistieren", erklärte Silvie Max seufzend.

Irgendwie muss ich es auch ohne dich schaffen, dachte Silvie gedankenverloren.

Aber an einer Erkenntnis kam sie nicht vorbei.

Während ihrer vielen Ehejahre hatte sie sich noch nie so wohl gefühlt, sich nie so richtig aussprechen können, wie in der Zeit, in der sie Max kannte. Ihre Lebenswege hatten sich auf schicksalhafte Weise gekreuzt, aber jetzt war ihr bewusst, dass mit dieser Entscheidung, die sie da getroffen hatte, die glücklichste Zeit ihres Lebens ein jähes Ende hatte. Haben musste!

„Bist du ganz sicher, dass du das so haben willst?", wollte Max wissen.

Silvie zuckte mit den Achseln.

„Ich muss sehen ... na ja, mein Leben muss eben auch ohne dich irgendwie funktionieren", flüsterte Silvie mit zu Boden gerichtetem Blick.

Bevor Max endgültig ging, gab er Silvie eine Karte mit seiner Adresse in Spanien und nahm ihr das Versprechen ab, sich zu melden, wenn sie ihre Meinung doch noch irgendwann ändern würde.

„Ich bin jederzeit für dich da. Du kannst mich Tag und Nacht anrufen. Melde dich einfach, wenn dir danach ist." In seiner Stimme lagen Trauer und Ratlosigkeit zugleich.

„Ich weiß, dass ich immer auf dich zählen kann. Dafür bin ich dir auch unendlich dankbar, aber ..."

Max und Silvie sahen einander an. Ein jeder wusste, dass es wahrscheinlich nie wieder zu einer Begegnung zwischen ihnen kommen würde. Er umarmte Silvie zum Abschied, wünschte ihr für ihr weiteres Leben alles Glück dieser Welt, stieg ohne ein weiteres Wort in sein Auto und fuhr los.

Silvie schaute ihm wehmütig nach, bis er aus ihrem Blickfeld verschwunden war.

In diesem Augenblick war sie von ganzem Herzen dankbar, Max als Freund gehabt zu haben. Aber es war nun endgültig vorbei.

„Man bekommt nun mal nicht immer das, was man sich wünscht", hauchte Silvie nach einer Weile so leise, dass man es kaum verstehen konnte.

„Die Zeit mit dir war schön, aber es war einmal ..."

Auf der Fahrt nach Hause hatte Silvie Mühe, sich auf den Verkehr zu konzentrieren. Als sie endlich daheim angekommen war, stellte sie den schweren Einkaufskorb auf dem Küchentisch ab.

Danach musste sie sich das zuletzt geführte Gespräch immer wieder in Erinnerung rufen. Obwohl sie sich verboten hatte, daran zu denken, kehrten Silvies Gedanken ständig an die ungezwungene Zeit mit Max zurück. Im Prinzip war ja die Vorstellung, mit ihm ein neues Leben zu beginnen, sehr verlockend. Aber ...

Silvie hatte jetzt Angst vor dem, was vor ihr lag, aber sie wollte auch vergessen, was hinter ihr lag.

Lange stand sie da und betrachtete Max' Blumenstrauß in ihrer Hand.

„Den ... den werde ich zum Trocknen aufhängen", nahm sie sich seufzend vor.

Danach warf sie sich im Wohnzimmer aufs Sofa und zappte durchs Fernsehprogramm, ohne mitzukriegen, was gerade lief.

In dieser Nacht tat Silvie kaum ein Auge zu. Die halbe Nacht hatten sie wirre Träume geplagt. Sie fragte sich dauernd, ob die

Entscheidung richtig war, die sie da getroffen hatte. Sie hatte rückblickend den Fehler gemacht, alles zu nah an sich heranzulassen, sodass es jetzt verdammt wehtat, es verloren zu haben.

Auch fragte sie sich immer wieder, warum sie in all den Jahren, in denen sie sich mit irgendwelchen Problemen herumgeschlagen hatte, nicht schon längst einmal die Beherrschung verloren hatte.

Nach einer Weile kam ihr dann die Erkenntnis, dass ihr von nun an nichts anderes übrigblieb, als weiterzumachen, ganz so, wie zu der Zeit, bevor sie Max kennenlernte.

Die Wochen danach war sie mit einer inneren Unruhe planlos herumgerannt.

Manches Mal fühlte sie sich wie eine Marionette. Wie es schien, war sie für alles zu erschöpft. Sie konnte weder lachen noch weinen und starrte oft nur sinnlos vor sich hin.

Bitter wurde ihr bewusst, dass sie sich selbst mit ihrem entschiedenen Schritt in ein dunkles Loch hineinmanövriert hatte, aus dem sie sich jetzt selber wieder befreien musste. In diesem besonderen Fall schien aber Silvies Handlungsweise das einzig Vernünftige gewesen zu sein.

Das Leben, das sie zuletzt geführt hatte, war nämlich alles andere als stressfrei. Deshalb musste sie dringend etwas daran ändern und das konnte sie nur, indem sie sich ab sofort nur noch auf ihr Familienleben, sich, und auf sonst nichts konzentrierte. Eine unsichtbare Stimme riet ihr auch:

„Du musst jetzt dein Leben selbst wieder in den Griff kriegen. Du musst es nur wollen … du musst …"

Plötzlich schien alles irgendwie einfach zu sein. Silvie verscheuchte die Gedanken an die Vergangenheit. Jetzt lag es nur an ihr, wie ihr Leben zukünftig weiterverlief.

Die einzigen, ihr verbliebenen Kontakte waren an einer Hand abzuzählen. Für die Suche nach einer wirklichen Freundin, mit der sie sich hin und wieder gedanklich austauschen und wie mit Max auf allen Ebenen verstehen hätte können, hatte sie nicht die nötige Zeit gehabt, und die Kontakte waren auch immer ziemlich oberflächlich.

Eine Jugendfreundin, die sie ab und zu besuchte, war zwar eine nette, aber für Silvies Geschmack äußerst anstrengend. Sie redete und redete ununterbrochen. Während ihres Wortschwalls musste Silvie enormes Glück haben, wenn sie zwischendurch auch einmal etwas von sich geben konnte.

Normalerweise war Silvie ja froh, wenn jemand da war, mit dem sie quatschen konnte, aber dieser permanente Redeschwall war ihr dann doch etwas zu viel.

Irgendwie war sie auf irgendeine Art und Weise immer auf die Falschen gestoßen.

Ein anderes Mal war es eine Bekannte, deren Mann vor einiger Zeit an Krebs verstorben war, die Silvie ihren ach so netten und liebenswerten Mann nicht gönnte.

„Was du für ein Glück mit diesem Mann hast ... Du bist wirklich zu beneiden", erklärte sie Silvie mehrmals und fing an, sich bei passender Gelegenheit selbst bei ihm in Szene zu setzen.

Silvie war mit diesem aufdringlichen Gehabe nicht fertig geworden, zumal sie nie so recht hatte verstehen können, worauf diese Person eigentlich so neidisch war. Sie kannte ja, wie so viele, nur sein zweites Ich. Irgendwann konnte Silvie nicht länger darüber hinwegsehen und beendete diese „Freundschaft", die in ihren Augen sowieso keine richtige war.

Wieder ein anderes Mal war es die junge verzweifelte Witwe Ines, der Silvie samt ihren kleinen Zwillingen wortwörtlich ein Dach über dem Kopf gegeben hatte.

Anfangs hatte sie Mitleid mit der jungen Frau, die ihren Mann durch einen tragischen Unfall verloren hatte und seither mit argen finanziellen Problemen kämpfen musste. In erster Zeit unterstützte Ines Silvie im Haushalt tatkräftig. Als Ines aber anfing, sich selbst von Silvie bedienen zu lassen, war Schluss mit lustig.

Eines Tages erklärte ihr Silvie unmissverständlich:

„Wenn du so weitermachst, Ines, dann habe ich keine andere Wahl, als dich zu bitten, dir eine andere Bleibe zu suchen; so leid es mir auch tut!" Silvie legte ihr nahe, für sich und ihre Kinder das möglichst bald zu tun. Es fiel ihr zwar schwer, das zu sagen, aber es musste gesagt werden! Daraufhin sah Ines Silvie dermaßen enttäuscht an, dass sich Silvie direkt ein wenig schäbig vorkam.

Eine Woche später fand Ines samt ihren beiden Kindern Unterschlupf in einem großen Bauernhaus bei einer Bekannten der jungen Mutter. Danach erschien Silvie die Zukunft plötzlich als trostloses Auf und Ab, ohne Hoffnung auf irgendeine Änderung in ihrem Dasein. Nach vielen Monaten begann die Erinnerung an Max endlich zu verblassen. Dieses Kapitel war abgeschlossen und gehörte endgültig der Vergangenheit an.

Mittlerweile ging es Silvie an manchen Tagen gesundheitlich nicht besonders gut. Sie wachte am Morgen mit Kopfschmerzen auf, die tagsüber immer heftiger wurden. Probleme aus der Vergangenheit waren scheinbar keineswegs so spurlos an ihr vorübergegangen, wie sie einmal gedacht hatte.

Die Ergebnisse einer nachfolgenden Blutuntersuchung ergaben keine Auffälligkeiten und die Befürchtung, an der heimtückischen Krankheit MS erkrankt zu sein, bestätigte sich zum Glück auch nicht.

Im Laufe der Zeit verschlimmerten sich ihre gesundheitlichen Probleme und ihre Lebenssituation wurde somit immer schwieriger. Mittlerweile war es auch nicht mehr möglich, eine Radtour zu machen, ohne die Befürchtung zu haben, wieder im Straßengraben zu landen.

Als wäre das alles nicht schon schlimm genug gewesen, verging kein Tag, an dem sie nicht zusätzlich auch noch von permanenten Rückenschmerzen gequält wurde.

Silvie versuchte, das Ganze mittels Gymnastikübungen zu kurieren, aber diese halfen nicht. Eigentlich hätte sie von ihrer Physiotherapeutin erwartet, dass durch die angewandten Übungen eine Linderung eintreten würde, aber leider … Obwohl sie gut und gern darauf verzichtet hätte, wurden die Rückenprobleme für sie immer belastender.

Als Silvie den nächsten Kontrolltermin wahrnahm, gab sie Dr. St. klar und deutlich zu verstehen, dass die Anwendungen

keinerlei Besserung brachten, sondern das Gegenteil bewirkten. Daraufhin meinte der Gott in Weiß:
„Wie schon einmal erwähnt, handelt es sich bei Ihnen wahrscheinlich doch um eine psychosomatische Angelegenheit!"

In diesem Moment wurde Silvie klar, dass offensichtlich sämtliche unangenehmen Untersuchungen gänzlich umsonst gewesen waren.

Silvie fasste nach diesen Worten den Entschluss, die Sache selbst in die Hand zu nehmen; einfach Veränderungen mittels Naturprodukten herbeizuführen und zu hoffen, dass diese ihr Leben positiver beeinflussen würden. Diese Entscheidung war nach Silvies Meinung die beste, die sie treffen konnte.

Ihren Traum, einmal ein Buch zu schreiben, hatte sie mittlerweile längst verworfen. Nein, es war sogar noch weit schlimmer. Sie träumte längst nicht mehr, sie funktionierte nur noch.

Folglich dümpelte ihr Leben wie ein alter Kahn auf der Donau vor sich hin. Ihr Leben hatte sie sich einmal anders vorgestellt.

Kurz vor Sommerende, als Silvie fast schon aufgegeben hatte, je wieder von Selina zu hören, lag unerwartet ein Brief von ihr im Briefkasten. Mit etlichen Werbeprospekten und der Tageszeitung kehrte sie in die Wohnung zurück und ließ sich auf dem Stuhl im Vorzimmer neben der Truhe nieder. Dann öffnete sie Selinas Brief und begann zu lesen:

Hallo, liebe Silvie!
Entschuldige, dass ich schon so lange nichts von mir habe hören lassen. Du wirst sicherlich denken, der Mohr hat seine Schuldigkeit getan … Nein, so ist es ganz und gar nicht!
Seit unserem letzten Zusammentreffen in Linz hat sich bei mir ziemlich viel getan. Angenehmes und weniger Erfreuliches.
Mein Modellvertrag läuft Ende des Jahres aus und wird leider nicht mehr verlängert.
Obwohl ich es anfangs nicht wahrhaben wollte, musste ich zur Kenntnis nehmen, dass ich aus Altersgründen beruflich nicht mehr gefragt bin. Aber was soll's. Ich habe dank deiner Hilfe den Gipfel meiner Karriere erreicht und somit Unbeschreibliches er-

leben dürfen. Außerdem hat die Sache ja etwas Gutes: Nämlich befreit zu werden von dem Druck, etwas darstellen zu müssen, was man gar nicht so empfindet.
Jetzt muss ich mich eben damit abfinden, dass es nicht mehr so ist und die Jungen schon in den Startlöchern stehen.
Wie dem auch sei: Zurzeit überlege ich fieberhaft, ob ich nicht zurück zu meiner Familie nach Brasilien fahren soll.
Sag mal, was hältst du davon, wenn du ein paar Wochen mit mir mitkommst? Denk einfach einmal darüber nach und klär es mit deinem Mann. Verdient hättest du es allemal. Ich werde in den nächsten Tagen nach Österreich kommen und da könnten wir dann Näheres besprechen. Ich persönlich fände es super, wenn wir wieder einmal zusammen verreisen würden. Also, bevor dir die Decke auf den Kopf fällt ... Wär das nicht eine fantastische Idee? Außerdem könnte ich mich bei der Gelegenheit für alles, was du für mich getan hast, ein wenig revanchieren.
Bis bald, deine Selina

Silvie legte den Brief zur Seite und musste gar nicht lange überlegen. Sie war nämlich längst an dem Punkt angelangt, an dem sie dringend eine Veränderung nötig hatte. Silvie jubelte innerlich. Selina hatte sie gerade zur rechten Zeit mit ihrem Vorschlag überrascht. Die Vorstellung, einmal wieder einen längst fälligen Tapetenwechsel genießen zu dürfen, war ihr äußerst willkommen.

Es war für Selina schon ein eigenartiges Gefühl zu wissen, dass sie möglicherweise bald ihren Bruder Fernando und seine Frau Serafina und deren Kinder Petro und Jana wiedersehen würde.
 Fernando lebte mit seiner Frau Serafina auf einer großen Fazenda und führte dort den Aufbau einer Orchideenzucht ihrer Eltern weiter. Er belieferte von dort aus mit verschiedenfarbigen Züchtungen internationale Märkte und bediente Hobbygärtner in ganz Europa.
 Vier Jahre waren seit der letzten Begegnung mit ihrem Bruder vergangen, fünf würden es nun bald sein, bis sie vielleicht ihn und seine Familie wieder in die Arme schließen konnte.

Zum ersten Mal nach langer Zeit fühlte sich Silvie beschwingt, wie seit Ewigkeiten nicht. Sie hatte endlich wieder ein Ziel und ihr Leben wäre nicht länger von Trostlosigkeit umgeben. Der Haken an der Angelegenheit war jetzt nur, dass sie nicht wusste, wie sie es ihrem Mann beibringen sollte.

Sie überlegte fieberhaft hin und her, wie sie am besten vorgehen sollte. Es graute ihr vor dem, was vor ihr lag.

Am nächsten Morgen hatte sie Gelegenheit, den Stier bei den Hörnern zu packen und die Angelegenheit mit ihrem Mann zu besprechen. Das vor Silvie liegende Gespräch würde nicht leicht werden, aber da musste sie jetzt durch.

Unsicher biss sie sich auf ihre Unterlippe, atmete tief ein und betrat die Wohnküche. Sie war fest entschlossen, ihren Mann jetzt einfach vor vollendete Tatsachen zu stellen.

Gleich nach dem Frühstück begann sie mit Töpfen und Pfannen herumzuhantieren.

„Sag mal, was zum Teufel treibst du denn da eigentlich?", wollte Silvies Mann von der Zeitung kurz aufblickend wissen.

„Na ja, ich koche vor", erklärte sie ihm ruhig.

„Wieso, was soll das denn jetzt?", fragte er überrascht.

„Ich koche lauter kleine Mahlzeiten und friere sie dann ein."

„Und wozu das Ganze?"

„Eigentlich", sagte Silvie, „wollte ich es dir schon längst sagen, es ergab sich aber noch kein günstiger Moment dafür. Stell dir vor, Selina hat mich eingeladen, mit ihr ein paar Wochen nach Brasilien zu gehen, damit ich einmal sehe, wo sie ihre Kindheit verbrachte hat Außerdem möchte sie sich für vergangene Hilfeleistungen erkenntlich zeigen! Ich hatte solches Glück, Selina wieder getroffen zu haben, denn ohne sie hätte ich niemals diese Gelegenheit bekommen."

Daraufhin schaute ihr Mann sie entgeistert an und zog ironisch die Augenbrauen hoch:

„Was du nicht sagst", stichelte Silvies Angetrauter. „Du vergisst scheinbar, dass du verheiratet bist. Mir gefällt diese absurde Idee nämlich nicht", murmelte er. „Es gefällt mir ganz und gar nicht nicht."

Silvie hatte ja keine Begeisterung erwartet, deshalb war sie auch jetzt über seine Worte nicht enttäuscht.

„Versteh mich doch", sagte sie nach einer Weile, nippte an ihrem Kaffee und schielte über den Tassenrand zu ihrem Mann hin.

„Ich habe das ständige allein zu Hause Herumsitzen so satt, deshalb … deshalb werde ich die Einladung annehmen."

„Wie bitte? Ohne mich vorher gefragt zu haben?"

„Na so was, und ich dachte, dass uns ein wenig Abstand einmal ganz gut tun würde. Kannst du dir eigentlich vorstellen, wie es ist, hier wie eine Gefangene zu hocken und auf dich oder wenigstens einen Anruf von dir zu warten?"

Er lächelte gleichgültig, nahm hastig einen Schluck Kaffee und sagte mit finsterer Miene:

„Ich rackere mich ab, damit wir dieses Leben führen können und hab ein Recht auf ein gepflegtes Heim, auf saubere und gebügelte Wäsche und auf ein Essen, das ich mir nicht selbst zubereiten muss!"

Wütend fiel ihm Silvie ins Wort:

„Wozu so viele Worte? Sag doch einfach, dass dir die Bequemlichkeit, die du jetzt schon viele Jahre genießt, fehlen würde! Und hör endlich auf, den wilden Mann zu spielen. Das zieht bei mir längst nicht mehr! Du wirst wohl nie aufhören, in mir deine Leibeigene zu sehen, was?"

Silvie war mittlerweile bewusst, dass sie sich diesem Mann eindeutig immer zu sehr widerstandslos ausgeliefert hatte.

Sie erinnerte sich auf einmal, wie sie nachgedacht hatte, wie sie sich nach all den vielen Erniedrigungen, die er ihr in letzter Zeit angetan hatte, am besten revanchieren könnte. Sie erinnerte sich auch an das Gespräch mit dieser älteren, liebenswerten Dame auf der Parkbank … Jetzt schien der passende Moment gekommen zu sein.

Silvie war verärgert und hatte auch keine Lust mehr, sich weitere lästernde Worte anzuhören.

Um eine weitere Diskussion und sich eventuell damit verbundene Kopfschmerzen zu ersparen, schnappte sie sich den Auto-

schlüssel. „Du, ich muss los. Ich fahr jetzt zum Supermarkt einkaufen! Soll ich dir was mitbringen?"
Ergänzend, mehr zu sich meinte sie noch: „Außerdem muss für die Reise noch einiges organisiert werden."
Silvies Tonfall dürfte ihren Mann etwas verblüfft haben, denn er starrte sie etwas verunsichert an, dann schüttelte er unwirsch den Kopf und meinte trotzig:
„Na los, hau schon ab!"
Nach einem Blick auf seine Armbanduhr murmelte er:
„Ich bin dann auch gleich weg und weiß nicht, wann ich zurückkomme. Du brauchst nicht auf mich zu warten."
„Das hätte ich sowieso nicht getan", konterte Silvie spontan. „Ich habe es nämlich schon längst aufgegeben, mich deinetwegen verrückt zu machen. Hast du das noch nicht gemerkt?"
Silvie wollte sich auf keinen Fall zu einem weiteren Streitgespräch provozieren lassen und verließ eilig das Zimmer.

Es war Mittwochmorgen, als Silvie durch das lange Klingeln des Telefons aus dem Schlaf gerissen wurde.
Es war Selina.
„Sorry, hab ich dich etwa geweckt?", fragte sie.
„Aber nein", sagte Silvie gähnend. „Mein Gott, wie spät ist es? Ich muss völlig verschlafen haben!"
„Mach dir nur keinen Stress, es ist noch nicht einmal acht Uhr", bemerkte Selina und schwieg einen Moment.
Nach einer Weile wollte sie wissen:
„Na, was ist ... Hast du dir's schon überlegt, ob du mitkommst?"
„Wenn's nach mir ginge, lieber heut als irgendwann!"
„Und ... und was sagt dein Mann dazu?"
„Der ist natürlich nicht begeistert. Aber das ist mir ehrlich gesagt im Moment so was von egal", murmelte Silvie. „Viele Jahre hab ich mich in meiner Ehe zu seiner Leibeigenen degradieren lassen. Damit ist jetzt Schluss!"
Selina musste unwillkürlich lachen, weil sie Silvie so eine Willensstärke gar nicht zugetraut hätte.

„Den überwältigenden Anblick vom Zuckerhut ... der Christusstatue, die Traumstrände ... Nicht zu vergessen die faszinierende Brandung an der Copacabana. Das, und noch vieles mehr soll man beim Anflug auf Rio de Janeiro sehen!! Diese Chance, das alles zu sehen, soll ich mir entgehen lassen? ... Ich denke nicht daran!"

Beim Anflug auf Rio de Janeiro sah sie ihn dann: Christus, der seine Arme weit ausbreitete, als wollte er der gewaltigen Stadt unter sich einen Segen erteilen.

Die Stewardess räumte ihre noch halbvollen Saftgläser ab und kontrollierte, ob die Rückenlehnen bei den Passagieren senkrecht standen. Anschließend bat sie die Fluggäste, bis zum Stillstand der Maschine angeschnallt zu bleiben.

Mit einem Rumpeln fuhr die Maschine das Fahrwerk aus. Vor ihnen lag die Landebahn des internationalen Flughafens von Rio de Janeiro.

„Na denn", meinte Silvie, nachdem sie den Ankunftsbereich betreten hatten. „Jetzt lass uns schnell das Gepäck holen. Nicht, dass noch jemand mit unseren Koffern abhaut."

„Aber geh, Silvie. Denkst du wirklich, hier klaut jemand deine Habseligkeiten?"

An den Gepäckbändern des Flughafens von Rio herrschte das pure Chaos. Seit einer geraumen Zeit warteten Selina und Silvie, dass am Ende des Gepäckbandes endlich ihre Koffer erschienen. Gut fünfzehn Minuten danach kamen endlich ihre braunen Trollies auf dem Gepäckband angefahren.

Als die beiden dann nach dem Zoll mit dem Gepäck dem Ausgang zustrebten, entdeckte Silvie einen saloppen dunkelhaarigen Mann, der den angekommenen Passagieren suchend ein Pappschild entgegenstreckte.

„Und du bist dir sicher, Selina, dass dein Bruder hier auf uns wartet?", fragte Silvie etwas entnervt.

„Aber klar! Er holt uns ab und bringt uns zum Haus ... so ist es jedenfalls ausgemacht!"

„Ah ja ... ich glaub ... ich habe Fernando gefunden", wandte sich Silvie plötzlich an Selina, die ihrerseits nach ihrem Bru-

der, der perfekt Deutsch und Englisch sprach, Ausschau hielt.
„Er steht da ganz hinten beim Ausgang. Los ... hast du die Koffer?", vermeldete Silvie.
„Ja, habe ich", antwortete Selina aufgeregt.
„Schön, dich kennenzulernen, Silvie", begrüßte sie Fernando später und nahm sie warmherzig in den Arm, als würden sie sich schon lange kennen. „Selina hat mir am Telefon schon viel von dir erzählt."
„Hat sie das?", fragte Silvie, lächelte Selina zu und griff nach ihrem Trolley.
„Ich glaube", sagte Fernando zu Silvie, nachdem er auch Selina herzlich begrüßt hatte, „wir haben – soviel ich gehört hab – gemeinsame Freunde", und überreichte ihr einen Strauß Orchideenmix und Selina ein Seidentuch mit Orchideenmotiven.
„Oh, wie schön, vielen Dank!", sagte Silvie lächelnd und wandte Selina schmunzelnd ihr Gesicht zu.
„Plaudertasche!"
„Na, dann wollen wir mal", sagte Fernando lächelnd. „Ihr habt Glück mit dem Wetter. Normalerweise ist es um diese Jahreszeit unberechenbar, seit ein paar Wochen hatten wir nur Sonnenschein. Nur schade, dass für die nächsten Tage wieder kein so gutes Wetter angesagt ist."
Während sie gemeinsam ihr Gepäck im Kofferraum von Fernandos Auto verstauten, nahm Silvie Selinas Bruder genauer unter die Lupe.
Fernando war groß, fast einen Meter neunzig. Dunkle Haare, dunkle Augen, ein blütenweißes legeres Hemd und eine ziemlich engsitzende Jeans. Die dazu passende Lederjacke ließ seine Schultern breiter wirken als sie waren. Dazu trug er buntbestickte Lederstiefel.
Eine Männerschönheit ist er zwar nicht, aber trotzdem außergewöhnlich attraktiv, sinnierte Silvie vor sich hin.
Der Wahnsinnsverkehr von Rio begrüßte später die Ankömmlinge. Sie kurvten über die übervolle Straße und Fernando versuchte zielstrebig, sich auf den Verkehr zu konzentrieren.
Silvie klagte auf einmal über heftige Kopfschmerzen, war aber sicher, dass das wahrscheinlich nur auf die schlechte Luft zurückzuführen war.

„Die verfliegen bestimmt sofort, sobald wir erstmal aus der stickigen Verkehrsluft raus sind!", erklärte Fernando.

Nach mehr als einer halben Stunde Fahrzeit dehnte sich eine Hügellandschaft aus und der Wahnsinnsverkehr hörte nach und nach auf.

Ein Urwald begrüßte sie mit seiner tropischen Schwüle und Silvie hoffte, in gemäßigterem Tempo bald das Ziel erreicht zu haben.

Dann, am Ende eines romantischen schmalen Pfades, der sich durch Palmen und Hecken schlängelte, erwartete sie ein idyllisch gelegener Garten mit betörenden Düften und üppig wuchernden Philodendren.

Als das Auto vor Fernandos Zuhause anhielt, kam Silvie aus dem Staunen nicht heraus.

Der Anblick der Fazenda, mit einem beige-gelblichen Anstrich und mit verschnörkelten, fantasievoll angebrachten Gitterstäben vor den Fenstern, raubte ihr fast den Atem.

„Die schmiedeeisernen Gitter wurden schon vor Jahren wegen der häufigen Einbrüche an den Fenstern angebracht", klärte Selina Silvie später auf.

Eine riesige, kunstvoll gemalte Encyclia schmückte die Wand oberhalb des Haupteinganges des eingeschoßigen Gebäudes. Ein Hinweis darauf, dass hier mit Orchideen gearbeitet wurde.

„Komm, Silvie, ich zeig dir was Interessantes", sagte Selina plötzlich und nahm Silvie an der Hand.

Nebeneinander liefen sie bis an das äußerste Ende des Grundstücks.

„Meine Güte, ist das prachtvoll", rief Silvie begeistert aus, nachdem sie die ersten freiwachsenden Orchideen entdeckt hatte. Orchideen, die sie in einer derart einzigartigen Schönheit noch nie gesehen hatte.

Hinter dem Haupthaus befanden sich drei längliche Treibhäuser mit unzähligen kleinen, mit Setzlingen bepflanzten Töpfchen.

„Diese Ruhe und die unglaubliche Nähe zur Natur. Hier ist alles so friedlich und schön."

Wenn ich nur nie wieder von hier fort müsste, dachte Silvie insgeheim.

Als hätte Selina Silvies Gedanken lesen können, raunte sie: „Na ja, manchmal werden Wünsche wahr!"
Zehn Minuten später waren Selina und Silvie wieder vor der Eingangshalle angekommen.

Auf einmal ging die Türe auf und eine dunkelhäutige kleine, mollige, schätzungsweise auf die vierzig zugehende Brasilianerin kam auf die beiden zu.

Das fast schwarze Haar hatte sie am Hinterkopf mit einem bunten Tuch zusammengebunden. Mit ihren schneeweißen makellosen Zähnen strahlte sie Selina und Silvie überschwänglich lachend an.

„Hallo, hallo", rief sie mit herzlicher Stimme:
„Bem Vindo ao Brasil!"
Was soviel wie „Willkommen in Brasilien" heißt.

Silvies zugewiesenes Gästezimmer war einladend und großzügig eingerichtet. Ein rustikaler Ledersessel und ein alter schwerer Schrank mit alten Verschlägen passten ganz zur Einrichtung einer brasilianischen Fazenda. Silvie fühlte sich auf Anhieb wohl.

„Und, gefällt's dir?", fragte Selina, die, nachdem sie geklopft hatte, kurz zur Tür reinspähte. „Soll ich dir beim Einräumen helfen?", fragte sie.

Silvie schüttelte den Kopf. „Nein danke, das mache ich später."
„Ich kann's noch gar nicht fassen. Es ist unglaublich, dass ich hier so herzlich aufgenommen werde. Das ist ein Ort, an dem ich für immer bleiben möchte. Danke ... danke auch, dass du mich eingeladen hast, es ist alles so unbeschreiblich schön hier."
Silvie drückte Selina einen Kuss auf die Wange.

„So wie ich das sehe, werdet ihr mich nicht so schnell loswerden", murmelte Silvie.

„Niemand will dich so schnell loswerden. Ich fände es sogar super, wenn du so lange wie möglich dableibst ... das weißt du doch?", meinte Selina schmunzelnd. „Weißt du, ich hatte von Anfang an das Gefühl, dass du genau hierher passen würdest."

Schön wär's schon, dachte Silvie mit einem nachdenklichen Gesichtsausdruck.

Als sie später ihren Koffer ausgepackt und ihre Klamotten verstaut hatte und das große Zimmer, das jetzt für drei oder vier Wochen ihr Zuhause war, verlassen wollte, sah sie einen Hund von undefinierbarer Rasse auf das verschnörkelte Eingangstor zurennen.

Fernando, der gerade mit einem brasilianischen Gärtner gestikulierte, rief schmunzelnd, nachdem er Silvies ängstliche Abwehrhaltung wahrgenommen hatte:

„Keine Angst, das ist Puma, der tut nix."

Puma kam fröhlich bellend auf Silvie zugerannt und kratzte mit seiner rechten Vorderpfote an ihrem nackten Bein herum, was ihr ziemlich wehtat.

„Da siehst du es", meinte Fernando und ging langsam auf Silvie zu.

„Er mag dich. Puma macht das nur bei Leuten, die er wirklich mag."

„Na ja", meinte Silvie leicht irritiert, „das ist aber eine etwas schmerzhafte Art, seine Zuneigung zu zeigen."

Am vierten Tag rief Silvies Mann an zwei aufeinanderfolgen Tagen an. Beim ersten Mal geriet er nur an Serafina, die versuchte, ihm mit ihren fast unverständlichen Deutschkenntnissen zu erklären, dass Silvie zurzeit mit Selina unterwegs war.

Als er Silvie tags darauf dann endlich erreichte, fragte er sie mit seinem bestimmenden Ton, wann sie wieder nach Hause zu kommen gedenke.

„Weiß ich noch nicht genau, darüber muss ich erst nachdenken. Es gibt hier noch so viel Eindrucksvolles zu entdecken."

„Und ... und mit welchem Geld willst du eigentlich diesen Abenteuertrip finanzieren?", wollte er dann auch noch wissen.

„Keine Sorge, ich hab genug Erspartes dabei, außerdem habe ich nicht vor, unnötig Geld zu verplempern. Übrigens, das sind Dinge, die man nicht am Telefon bespricht!

Mir ist aber mittlerweile klar geworden, dass sich mein Leben nicht darauf beschränken kann, eingesperrt herumzusitzen und auf einen Mann zu warten, der mich eh nicht zur Kenntnis nimmt!"

„Ganz wie du meinst, also ... wann kommst du?", fragte er ungeduldig.

Silvie überlegte kurz. „Ich werde darüber nachdenken! Wenn ich diesbezüglich zu einem Entschluss gekommen bin, werde ich es dich wissen lassen!", entgegnete sie und legte den Telefonhörer auf, ohne sich von ihm zu verabschieden.

Als sie aufgelegt hatte, blieb sie noch einen Moment stehen und atmete tief durch.

Jetzt, mit etwas Abstand, fühlte es sich an, als hätte sie viele kostbare Jahre ihres Lebens verpasst.

Irgendwann musste sie vergessen haben, die Straßenseite zu wechseln und einen anderen, mit weniger spitzen Steinen gepflasterten Weg einzuschlagen.

Er kann's nicht lassen ... er kann es einfach nicht lassen, nicht egoistisch und verletzend zu sein, dachte Silvie später erbost zu sich.

Traurigkeit stieg in ihr hoch. Es war wieder einmal typisch. Er hatte sich nicht einmal erkundigt, wie es ihr ging ... wie die Gastfamilie war ..., und das kränkte sie am meisten.

Je länger sie darüber nachdachte, desto klarer wurde ihr, dass sie unter diesen Umständen in dieser Angelegenheit bald etwas tun musste.

Verständnislos starrte Silvie einen Augenblick das Telefon an, während sie sich gedanklich eine weitere Vorgehensweise ausmalte.

Sie beschloss, wenn sie wieder daheim war, dementsprechend zu handeln.

„Ja, das werde ich tun", nahm sie sich fest vor.

Niemals zuvor hatte sie sich so unsicher gefühlt wie in diesem Augenblick. Sie wusste nicht, ob sie wirklich tun wollte, was sie da beteuerte oder diese Worte nur so dahingesagt hatte.

Sie war sich aber dessen ganz sicher, was sie nach einigen Minuten ihrer Ankunft hier gespürt hatte:

„Ich möchte mich nützlich machen, etwas tun ... gebraucht werden ... Und wie ich mich kenne, haben diese Pläne mit diesen faszinierenden Orchideen zu tun", versprach Silvie feierlich. „Und diese Pläne werde ich – wie auch immer – durchsetzen. Ich weiß, dass das vielleicht nur eine Spinnerei ist. Aber ich könnte es zumindest einmal versuchen", sagte sie lauter zu sich als sie eigentlich wollte.

Fernando, der unabsichtlich das Telefongespräch mitgehört hatte, wunderte sich zunächst, dann meinte er insgeheim: „Und das, liebe Silvie … das wird dir mit Sicherheit gelingen!" Aber noch wollte Silvie ihren Aufenthalt in Rio richtig genießen.

An einem der nächsten Tage durchforstete Selina einen Reiseführer nach dem anderen nach besonderen Sehenswürdigkeiten, die die beiden unbedingt besichtigen sollten. Nach einer Weile packte Selina die Kataloge wieder zusammen und meinte:

„Nachdem ich da gelesen hab, dass die Fahrt auf den Corcovado mit der Zahnradbahn früh gebucht werden soll, sollte ich das so bald als möglich in Angriff nehmen.

Es steht auch, dass die Aussicht vom Cristo Redentor atemberaubend schön sein soll!

Dann wäre da noch der Zuckerhut, dessen Gipfel man allerdings nur mit der Glasseilbahn erreicht. Außer man möchte bis zur Mittelstation einen Fußmarsch hinlegen", erklärte Selina schmunzelnd und sah Silvie dabei fragend an.

Bis zu diesem Augenblick hatte Silvie schweigend zugehört. Jetzt meldete sie sich plötzlich zu Wort:

Sie schüttelte den Kopf. „Das fehlte noch, nein, ein Fußmarsch ist nix für mich!", fiel sie Selina ins Wort. „Meinst du nicht auch, dass die Fahrt mit der Seilbahn schöner ist?"

„Ach ja, bevor ich ich's vergess, Fernando erwähnte da was, dass der Nationalpark Tijuca und die Regenwald-Tour im Jeep interessant sein sollen. Auch der Botanische Garten wäre sehenswert, erklärte er.

Es wird auch eine neun Stunden dauernde Tagestour angeboten.

Den Botanischen Garten müssten wir allerdings an einem anderen Tag besuchen.

Na ja, überlege es dir. Ich komme dann in einer halben Stunde zu dir. Und sag mir dann, wozu ich uns anmelden soll, okay?", verabschiedete sich Selina mit einem Blick auf ihre Armbanduhr.

Nachdem sich die beiden letztendlich geeinigt hatten, stand einer Anmeldung für einen der nächsten Tage nichts mehr im Weg.

Es war noch ziemlich früh am Morgen, als Selina und Silvie gut gelaunt, ausgeschlafen und ein ausgiebiges Frühstück im Magen mit einem Taxi, das sie zur einer Bussstation bringen sollte, rasant losfuhren.

Nach einer atemberaubenden, aber anstrengenden Besichtigungstour näherten sie sich am späten Nachmittag hundemüde wieder dem Taxiparkplatz.

„Na, ihr beiden Hübschen, habt ihr einiges Interessantes gesehen?", fragte Fernando später, der eilig an den beiden vorbei und zu den Gewächshäusern unterwegs war.

„Sieht so aus, als hättet ihr jede Menge Spaß gehabt."

„Ja, das hatten wir. Es war wirklich traumhaft schön. Und es hat mir geholfen, mir über einige Dinge klar zu werden."

„Ich würde auch gerne etwas mit Orchideen machen", sagte Silvie einige Tage danach nachdenklich zu Selina.

„Wie wird man eigentlich ein Orchideenzüchter? Soll ich mich diesbezüglich einmal mit Fernando unterhalten? Was meinst du?"

„Du solltest mit deiner Fragerei nicht mich löchern. Frag ihn einfach selbst, was du wissen willst. Er wird dir dann schon sagen, wie und was …"

„Würdest du mich dabei begleiten?"

„Darüber brauchst du dir nicht weiter den Kopf zu zerbrechen. Natürlich komme ich mit, wenn du willst!"

„Fernando, ich bräuchte dringend einen guten Rat von dir", sagte Silvie einen Tag später zu Selinas Bruder.

Der hatte schon damit gerechnet, dass Silvie wegen ihrer Idee bezüglich Orchideen auf ihn zukommen würde.

Nachdem ihm Silvie von ihren Gedankengängen erzählt hatte, meinte er nachdenklich:

„Lass mich mal überlegen. Aber ja, da lässt sich bestimmt etwas machen. Gleich morgen Früh werde ich mit Paolo, dem zuständigen Gärtner, reden."

Paolo war ein langjähriger Mitarbeiter, der sich vor allem mit der Orchideenaufzucht beschäftigte. Die meisten Auszeichnungen, die das Unternehmen in den vergangenen Jahren verbuchen konnte, waren größtenteils ihm zu verdanken.

„Übrigens", sagte Fernando und tätschelte Puma, der es sich neben Fernandos Lederstuhl gemütlich gemacht hatte.

Obwohl er Silvies Anliegen längst kannte, fragte er scheinbar unwissend:

„Du erwähnst da, dass du eine Aufgabe möchtest. Woran denkst du dabei genau?", wollte Fernando wissen

Silvie zuckte mit den Achseln. „Ich weiß nicht ..."

„Wenn du sagst, dass du etwas tun möchtest, wirst du doch an irgendetwas Bestimmtes gedacht haben", Fernando schaute sie fragend an.

Etwas verlegen sagte Silvie: „Natürlich weiß ich das. Du weißt ja ... ich liebe Orchideen ... ich find sie einfach faszinierend ..."

„Bei mir zu Hause in Linz sind etliche Räume größtenteils mit Phalaenopsis Orchideen ausgestattet. Sie sind ideal für die Zimmerkultur und wegen ihrer lang andauernden Blüte und Robustheit auch äußerst beliebt."

Im nächsten Moment bereute Silvie aber schon wieder, dass sie ein Thema angeschnitten hatte, bei dem sie im Voraus wusste, dass ihr Mann niemals so ohne weiteres damit einverstanden sein würde, wenn sie eventuell eine Tätigkeit in Rio in Betracht zog.

Silvie redete nicht weiter, denn plötzlich umfasste Selina ihre Schultern und meinte: „So ein Gespräch ist immer unangenehm, aber mach deinem Mann einmal klar, dass es dein Leben und nicht seines ist."

„Na ja, ich weiß nicht, ob ich genug Willenskraft aufbringen werde, ihn davon zu überzeugen!"

Eines brauchte sich Silvie nicht zu fragen, ob sie ihn vermisste und sich deswegen irgendwie schuldig fühlte, denn sie tat weder das eine noch das andere! Hier hatte sie das Paradies gefunden und sie war sicher, dass es vermutlich ihre beste Entscheidung gewesen war, Selinas Einladung anzunehmen. Aber jetzt wurde es ihr bei dem Gedanken, in den nächsten Tagen diesen eindrucksvollen Ort schon wieder verlassen zu müssen, schwer ums Herz.

„Kommst du bald wieder?", fragte Selina traurig am Tag ihrer Abreise. „Vergiss auch nie, dass es gelegentlich sinnvoll ist, sein Leben zu ändern!", sagte sie noch ergänzend.

Silvie bekam auf einmal feuchte Augen. „Ihr seid alle so schrecklich nett zu mir, daran muss ich mich erst gewöhnen. Bestimmt komme ich wieder!" Silvie wusste mit Sicherheit, dass sie bald wiederkommen würde, an den Ort, der ihr soviel bedeutete und an dem liebgewonnene Menschen auf sie warteten.

Am liebsten wäre sie wie Dornröschen in einem hundertjährigen Schlaf versunken, dann müsste sie jetzt keine notwendige Entscheidung treffen.

Als Silvie ein paar Tage später via London und Frankfurt wieder in Hörsching planmäßig gelandet war, wurde ihre Stimmung immer betrübter. Sie fürchtete die Auseinandersetzung mit ihrem Mann.

Dann, nachdem sie ihr Gepäck und ein paar Mal tief durchgeatmet hatte, und sich Selinas Worte ins Gedächtnis rief, sagte sie mehrmals laut vor sich hin:

„Ich bin I c h … komme, was wolle!"

Schnellen Schrittes ging Silvie los, vorbei an Ankommenden, die herzlich begrüßt und umarmt wurden, vorbei an Abreisenden, die sich von Angehörigen verabschiedeten, bis hin zur gläsernen Tür, die aus dem Flughafengebäude ins Freie führte.

Nachdem sie ein Taxi heimgebracht hatte, war wie erwartet von ihrem Ehemann weit und breit nichts zu sehen oder zu hören.

Als er am späten Abend nach Hause kam und Silvie telefonieren sah, hielt er einen Moment inne. Dann riss er ihr wütend den Hörer aus der Hand und schrie streitsüchtig:

„Mir scheint, du hast dir in Rio einen Freund aufgegabelt. Hast du g'rad mit ihm telefoniert?"

Silvie sah ihren Mann fassungslos an. „Du bist unfair, redest du da etwa aus eigener Erfahrung?", erwiderte sie empört.

„Und wenn es so wäre ... niemand müsste das besser verstehen als du!", erklärte Silvie ihrem Mann.

Möge das Schicksal mir die Kraft geben, Dinge zu ändern, die ich ändern möchte!, schickte Silvie ein Stoßgebet gen Himmel.

„Der Grund, warum ich gern zurück nach Rio will, ist, weil es dort eine interessante Beschäftigung für mich gäbe. Dort würde ich gebraucht werden. Ganz einfach gebraucht ...

All die Jahre habe ich dich ziehen lassen und dir den Rücken gestärkt. Es war mir zwar immer klar, dass es so sein muss, aber jetzt ... jetzt bin ich mir einmal wichtig!"

„Ich weiß nicht, worüber du dich ständig beklagst. Du hast doch alles, es geht dir doch nichts ab ... fährst einen tollen Flitzer ... hast genügend Geld ... nicht zu vergessen deine geliebten Bücher ...", meinte Silvies Mann mit grimmiger Miene.

„Aber ich bin allein!", erwiderte Silvie entsprechend gereizt.

„Es ist dein eigenes Problem, wenn du nichts mit dir anzufangen weißt. Mir scheint, es geht dir einfach zu gut!", fügte er hinzu.

„So kann man es auch sehen", sagte Silvie resigniert zu sich.

„Er versteht mich nicht, er versteht mich überhaupt nicht ... oder er will mich einfach nicht verstehen", seufzte Silvie zu sich.

„Ich möchte nicht länger hierbleiben. Ich habe das ständige Alleinsein so satt. Es ist langweilig und ich sehe da auch keine Zukunft für mich. Mein Leben verläuft in Bahnen, die ... nein, eigentlich verläuft es in überhaupt keinen Bahnen. Jede Woche, jeder Tag, alles ist so ziellos und leer.

Wir ... wir entfremden uns auch mehr und mehr ... Und wenn wir uns trennen ... und dazu wird es über kurz oder lang kommen ... würde ich noch einsamer werden. Ich sehe da keine Zukunft für mich. Irgendwo habe ich auch gelesen, dass Menschen Ziele brauchen. Deshalb werde ich so bald wie möglich wieder nach Rio fliegen. Dort bin ich von lieben Menschen umgeben ... und unzähligen schönen Pflanzen! Das alles ist bedeutend wichtiger als dieser ganze annehmliche Kram.

Und wie sagst du immer so schön? Wir sind beide erwachsene Menschen. Wir haben beide unsere Pläne und wollen uns gegenseitig die Freiheit lassen, diese auch zu verwirklichen. Oder siehst du das plötzlich anders?"

„Na ja, mir ist zwar schleierhaft, was an all dem so ... so grandios sein soll. Aber ich glaube, dass es wenig Sinn macht, dich davon abbringen zu wollen", brummte Silvies Mann.

„Das siehst du ganz richtig, es hätte wirklich keinen Sinn. Lebenspläne ändern sich nun mal. Ich kann mir diese Gelegenheit einfach nicht entgehen lassen", bekräftigte sie und war froh, dass dieses leidige Thema ohne weitere Streitigkeiten vom Tisch war.

In der Folge buchte Silvie für einen der nächsten Flüge nach Rio de Janeiro ein „one way"-Ticket für sich.

Nachdem Silvie dann Selina telefonisch ihre Ankunftszeit mitgeteilt hatte, begann sie fröhlich summend ihren Jumbokoffer mit ihren Sachen, die sie für die nächsten Wochen benötigen würde, zu packen; nicht zu vergessen die Geschenke für die ganze Familie, einschließlich Puma.

Silvie wollte die kommende Zeit dazu nutzen, von allem Abstand zu gewinnen und sich von den Kränkungen zu erholen, die sie in der Vergangenheit erlitten hatte.

Als dann der Tag des Abschiednehmens da war, meinte Silvies Mann trocken:

„Soll ich dich mit deinem *schweren* Gepäck zum Flughafen bringen?"

Silvie überlegte kurz, dann sagte sie betont freundlich:

„Nein danke, mach dir meinetwegen bloß keine Umstände. Ich bestell mir ein Taxi, das ist praktischer!"

„Und ... und wann gedenkst du wieder zu kommen?"

„Keine Ahnung, aber ich werd es dich rechtzeitig wissen lassen!"

„Mach's gut und nimm es nicht tragisch!", verabschiedete sich Silvie von ihrem Mann.

Bevor sie samt ihrer Habseligkeiten die Wohnung endgültig verließ, wandte sie sich an der Tür um und meinte schmunzelnd:

„Und … und wenn du irgendwie nicht klar kommen solltest … wende dich einfach an Karo, da wird dir bestimmt geholfen!"

Als das Flugzeug in Hörsching vom Boden abhob, schloss Silvie die Augen und dachte an die vor ihr liegende Zeit.

„Rio, und all ihr Lieben … ich komme!"

Bewerten Sie dieses Buch auf unserer Homepage!

www.novumverlag.com

Die Autorin

Eva Herzog erblickte in den 1940-er Jahren unweit von Linz das Licht der Welt. Stets von Fleiß und Ehrgeiz angetrieben, schaffte sie es im Nachkriegsösterreich bis zur Position als leitende Angestellte in einem anerkannten Rechtsanwaltsbüro. Dort baute sie über die Jahre ihre Stellung als gute Seele des Hauses aus und konnte mit ihrer Klugheit und Gelehrigkeit punkten, die sie nun auch im Ruhestand als Autorin bei ihren literarischen Schöpfungen einbringt.

Wenn Frau Herzog nicht gerade am Schreiben und Lesen ist, verbringt sie liebend gern Zeit in ihrem Garten. Ihre Liebe zu Pflanzen wird nur von jener zu ihrer Familie überschattet. Die Autorin, deren besondere Gabe ihr tiefempfundenes Mitgefühl für andere ist, legt mit „Es war einmal ... und es war nicht immer erfreulich" ihre erste Veröffentlichung vor.

novum VERLAG FÜR NEUAUTOREN

Der Verlag

„ *Wer aufhört besser zu werden, hat aufgehört gut zu sein!*

Basierend auf diesem Motto ist es dem novum Verlag ein Anliegen neue Manuskripte aufzuspüren, zu veröffentlichen und deren Autoren langfristig zu fördern. Mittlerweile gilt der 1997 gegründete und mehrfach prämierte Verlag als Spezialist für Neuautoren in Deutschland, Österreich und der Schweiz.

Für jedes neue Manuskript wird innerhalb weniger Wochen eine kostenfreie, unverbindliche Lektorats-Prüfung erstellt.

Weitere Informationen zum Verlag und seinen Büchern finden Sie im Internet unter:

www.novumverlag.com